컨셉으로 유혹하고
공간으로 브랜딩하라!

| 꼭 알아두어야 할 카페, 외식 창업 황금법칙 |

컨셉으로 유혹하고
공간으로 브랜딩하라!

배재찬, 문경혜, 배준오 지음

CONCEPT
SPACE PLANNING

한국경제신문*i*

컨셉부터 설계하고, 공간을 브랜딩해야 하는 이유

전반적으로 경제 환경이 불안하지만 여전히 카페, 외식, 점포들의 창업은 계속되고 있다. 창업은 아무나 도전할 수 있지만 누구나 성공하지는 못한다. 왜 누구는 성공하고, 어떤 이는 실패하는 것일까? 자본력과 운영능력이 동일한 조건하에서는 매력적인 컨셉을 가지고 있느냐, 없느냐가 성패를 좌우한다.

이는 남녀관계와도 같다고 보면 된다. 매력적인 남성, 여성에게는 수많은 이성들이 말을 걸고 싶어 한다. 반면 매력이 없는 남성, 여성들에게는 아무도 말을 걸지 않는다. 창업한 점포가 매력적인 컨셉을 가지고 있다면, 많은 고객들이 스스로 찾아와서 점포를 경험하고 싶어 할 것이다. 하지만 매력적인 컨셉이 없다면 아무도 찾아오지 않을 것이 뻔하다. 아무리 광고를 하고, 마케팅을 해도 마찬가지다. 매력적인 컨셉도 없이 사람들을 끌어오면, 결국 그들은 '낚였다'고 기분 나빠 할 것이고, 한 번은 속아도 두 번은 속지 않을 것이다. 결국 고객이 오지 않는 점포가 될 것이고, 고객이 오지 않는 점포는 결국 폐업 수순을 밟을 수밖에 없다.

컨셉이란 무엇일까? 많은 사람들이 컨셉에 대해 이야기하지만, 서로 생각하는 컨셉의 개념이 다르기 때문에 한 가지로 정의하는 것은 어렵다. 필자는 앞의 사례처럼 '매력'이라고 정의한다. 말을 걸고 싶을 정도로 '매력'을 가진 점포는 웬만해서는 망하지 않는다. 우리가 말하는 컨셉 설계는 결국 '나만의 매력을 설계하는 것'이다. 하지만 오해하기 쉬운 것이 '매력'에 대한 정의다. 사람의 경우에도 매력 있는 사람이란 단순히 '외모만 잘생긴' 사람을 의미하지는 않는다. 시각적인 외모도 당연히 매력적이겠지만, 외모만으로는 무엇인가가 부족하다. 진정한 매력은 말투, 생각, 지혜, 마음, 태도 등 다양한 요소들이 조화를 이룬 것이다. 이는 점포도 마찬가지다. 점포의 공간 디자인만 예쁘다고 컨셉이 좋다고 할 수는 없다. 예쁜 공간도 중요하지만, 판매하는 상품이나 서비스도 우수해야 하고, 접객도 뛰어나야 하며, 가격이나 판매방식과 브랜드 인지도도 매력적이어야 한다. 이런 다양한 요소들이 서로 조화를 이루고, 시너지 효과를 발휘할 때 그 점포는 진정한 매력적인 점포가 될 것이다. 이처럼 컨셉이란 매력 포인트를 구체적으로 표현하는 것이라고 할 수 있다. 컨셉은 사람에 비유하면 인격과 같은 것이다. 스타일은 전부 달라도 인격은 고유하다.

창업자는 내가 가진 생각을 구조화하는 것이 필요하다. 내가 가진 생각을 구조화해서 가장 매력적인 점포를 만들어가는 전략이 컨셉이다. 점포형 사업의 철칙은 고객이 점포로 일단 들어와야 판매의 기회가 주어진다는 것이다. '옆 점포는 손님이 바글바글한데 왜 우리 점포만 손님이 없을까? 간판이 어둡나? 맛이 없나? 비싼가? 직원들이 불친절한 것인가?' 오만 가지 상상을 하게 된다. 마치 내가 뭘 잘못한 것만 같은 죄책감까지 든다. 그만큼 고객들이 점포에 들어오게 하는 것은 결코 쉬운 일이 아니다. 현대의 소비자들이 매장에서 상품만을 구매하러 올 것이라는 생각은 시대착오적인 생각이다. 그것은 상품이 부족했던 1960년대식 발상이다. 현대는 매스티지(Masstige)의 시대다. 경제력은 부족해도 명품을 선호한다. 즉 모든 고객이 명품을 찾는 시대라는 의미다. 한 끼를 먹더라도 제대로 먹고, 물건 하나를 사더라도 제대로 된 것을 사고 싶은 것이 현재 우리가 기다리는 고객들의 참모습이다. 이들이 원하는 욕구를 컨셉으로 만들어야 한다.

현대는 상품만 파는 것으로는 부족한 시대다. 그 상품을 매개로 새로운 라이프스타일과 경험을 팔아야 한다. 고객들은 더 이상 상품만을 구매하러 오지 않는다. 컨셉을 함께 구매한다. 고객이 경험하고 싶어 하는 낯설지만, 매력적인 라이프스타일을 스스로 사게 만들어라. 카페나 음식점의 경우, 음료나 음식 그 자체의 맛도 당연히 중요하지만, 그 음료나 음식에 어울리는 컵이나 그릇, 음식의 플레이팅, 상차림, 점포의 컨셉을 표현하는 간판이나 사인, 메뉴판, 테이크아웃용 패키지 디자인도 그 이상으로 중요하다. 그리고 친절한 종업원의 미소와 서비스, 종업원들의 세련된 유니폼 디자인, 음식을 즐길 수 있는 공간의 분위기, 매장 분위기에 어울리는 배경음악 등 이 모든 것이 하나의 컨셉으로 표현되는 것이 필요하다. 고객이 가치를 느낄 수 있는 다양한 요소들을 일관되게 꿰어서 매력적인 컨셉으로 만들어내야 하는 것이다. 카페, 외식, 점포를 창업하기 전에 컨셉부터 잘 설계해야 하는 이유다. 잘 개발된 컨셉을 구체적으로 공간에 표현해야 한다. 그리고 그 공간을 경험하게 하고, 오래 머물면서 즐기게 하는 것이 공간으로 브랜딩을 완성하는 비결이 된다.

스마트폰으로 예를 들어 보면 공간은 하드웨어라고 할 수 있고 컨셉은 애플리케이션이라고 할 수 있다. 케이스가 예쁜 스마트폰 기계 본체만으로는 좋은 스마트폰이라고 할 수 없다. 다양한 앱을 다운받아서 제대로 활용할 수 있어야 매력적인 스마트폰이라고 할 수 있다.

마찬가지로 예쁜 인테리어를 가지고 있다고 매력적인 공간은 아니다. 브랜드 스토리, 메뉴, 서비스, 공간 등 다양한 기능과 경쟁력을 갖추어야 비로소 매력적인 컨셉을 가진 공간이라고 할 수 있다.

매력적인 컨셉을 먼저 설계하고 공간을 기획해야 하는 이유는 현대의 소비자들이 백인백색의 취향과 라이프스타일을 가지게 되었기 때문이다. 예전처럼 단순한 공간으로는 개성이 뚜렷한 다수의 소비자들을 만족시키기가 어려워진 것이다. 다양하고 복잡해진 소비자들을 만족시키고, 트렌드에 한 발 앞서 나아가기 위해서는 공간 기획 중심의 사고와 프로세스가 절실해진 것이다. 공간을 기획하고, 공간을 설계하며, 공간으로 마케팅하고, 공간으로 브랜딩하는 노하우를 제안하는 이유다.

이 책은 점포 경영자의 고민을 해결하기 위해 20여 년간 진행해온 컨셉을 설계하는 과학적인 프로세스로 공간을 브랜딩하는 실전 노하우들을 모은 것이다. 어떻게 해야 손님들이 우리 가게에 들어오게 만들 수가 있을까? 점포형 창업을 준비하는 예비 창업자라면 내 점포만의 카테고리 전략을 세우고, 매력적인 컨셉을 설계하고, 컨셉을 구체적으로 표현해 공간을 브랜딩할 수 있어야 한다.

이 책을 통해 창업하는 많은 점포들이 매력적인 컨셉을 설계하고, 공간으로 브랜딩해 나갈 수 있게 되기를 진심으로 기원한다.

배재찬

CONTENTS

Part **07** 컨셉을 구체적으로 표현하는
공간을 브랜딩하라 ④ - 컨셉 공간 컨설팅

카페, 외식 창업
황금법칙

컨셉으로 유혹하고
공간으로 브랜딩하라

PART

01

온리 원 카테고리를
만들어 독점하라

카페, 외식 창업
황금법칙

01

찾아올 수밖에 없는 특별한 이용 동기를 가지고 있는가?

당신의 점포는 고객이 스스로 찾아올 수밖에 없는 특별한 이용 동기를 가지고 있는가? 목표 고객의 고민을 해결해주는 솔루션으로 설계된 컨셉은 그 무엇보다도 강력하고, 찾아올 수밖에 없는 특별한 이용 동기가 된다. 고객이 스스로의 판단으로 결정해서 내비게이션을 찍고, 지속적이고 반복적으로 찾아올 수밖에 없게 만들어라. 하지만 대부분은 그렇지 못한 것이 현실일 것이다. 현대 사회는 기술력, 가격은 모든 면에서 상향평준화가 된 시대이므로, 상품 그 자체로서는 경쟁력을 논하는 것은 쉽지 않다. 대부분 다 비슷하게 잘하기 때문에 상품의 본질을 넘어서는 가치를 팔 수 있어야 성공하는 시대가 되었다.

가치를 팔려면 소비자들이 생각하는 가치가 무엇인지를 알아야 한다. 우선 자신만의 소중한 가치를 찾아야 한다. 소중한 가치를 찾아내려면 먼저 목표 고객을 한정하고, 목표 고객의 문제와 고민을 찾아서 해결해줘야 한다. 하지만 가장 큰 가치는 희소가치일 것이다. 내가 갖고 싶었지만 가지지 못한 것에 대한 가치, 이 세상에 하나밖에 존재하지 않는 가치가 무엇보다도 소중한 가치가 된다. 그런 가치를 컨셉으로 만들면 성공확률이 높다. 그 해결책으로 컨셉을 설계하면, 그 컨셉은 목표 고객들이 열광하는 컨셉이 될 것이다. 골치 아픈 고민거리를 해결해주기 때문이다. 일단 가격 대비 품질이 좋은 가성비도 강력한 가치 중 하나다. 목표 고객의 고민을 해결해주는 솔루션의 가치는 내가 와달라고 하지 않아도 고객이 스스로 찾아올 수밖에 없는 특별한 이유가 될 것이다. 목표 고객이 거부할 수 없는 특별한 동기가 있다면, 그 브랜드는 지속적으로 성장할 수 있다. 특별한 이용동기가 있으면 강력한 컨셉을 설계할 수 있다.

사람들이 입만 열면 컨셉을 이야기하면서도 컨셉을 말해보라고 하면 제대로 표현하지 못하는 경우가 많다. 필자에게 상담하는 의뢰인들 중 이미 성공적으로 사업을 진행 중인 경영자들의 고민도 결국 컨셉이다. 사업을 하면 할수록 가장 어려운 것이 컨셉이라고 이구동성으로 말한다. 컨셉을 만드는 것이 고통스러운 가장 큰 이유는 일단 내가 나 자신을 정확하게 볼 수 있어야 하기 때문이다. 정확하게 나를 들여다보는 것도 고통스러운 일이지만, 주관적인 관점이나 아집 등으로 왜곡되지 않은 생각들만을 정제해 추출해내는 과정이 쉽지 않기 때문일 것이다. 그러한 과정을 통해 추출된 생각의 엑기스와 내가 소중하게 생각하는 가치 및 소비자들의 고민에 대한 해결책을 융합시키면 특별한 이용 동기가 만들어진다. 특별한 이용 동기는 목표 고객이 스스로 찾아올 수밖에 없게 만드는 가장 강력한 컨셉이다.

02

온리 원 카테고리를 만들어
독점하라

목표 시장에서 유일한 존재가 된다는 것은 매우 강력한 경쟁 우위 전략이 된다. 온리 원의 존재가 되었다는 것은 경쟁 자체가 없는 상황적, 독점 상황이 되었다는 것이다. 세분화된 작은 시장에서 내가 만든 새로운 카테고리에서 유일한 존재가 될 수 있도록 컨셉을 설계해야 한다. 목표 시장을 세분화해 자신만의 카테고리를 창출해 경쟁자가 없는 온리 원 존재가 되는 것이 최고의 경쟁우위를 차지하는 경쟁력이 되므로, 평범한 작은 브랜드도 온리 원이 된다면 쉽게 망하지 않게 된다.

온리 원이 되기 위해서는 카테고리 전략을 세우고 집중해야 한다. 일단 왜 온리 원이 되어야 하는지, 왜 카테고리에 집중해야 하는지에 대한 판단이 있어야 한다. 온리 원을 입으로만 외친다고 온리 원이 되는 것은 아니기 때문이다. 경영자의 의식이 바뀌어야 하고, 생각의 프레임을 다시 짜야 한다. 온리 원다운 체질로 변화하기 위한 확고한 결단을 내려야만 한다.

당신이 왜 이 사업을 경영해야만 하는지 존재 이유를 분명히 해야 한다. 사업을 하는 이유와 목표, 사명감, 비전이 명확하게 정리가 되어야 온리 원 전략을 세울 수 있다. 기존의 틀을 깨야만 새로운 틀을 만들 수 있다. 기존의 틀에 미련을 버리지 못하고, 기존의 틀에다가 새로운 틀을 덧붙이는 것은 실패의 지름길이다. 낡은 틀을 바꾸겠다고 결심했다면 과감하게 버릴 수 있어야 한다. 손에 쥐고 있던 것을 놔야만 새로운 것을 손에 쥘 수 있다. 기존의 관점을 버리고 허물을 벗는다는 것은 자칫 위험에 처할지도 모르고, 고통이 수반될지도 모른다. 그런 위험을 감수하고서라도 온리 원 컨셉을 구축한 브랜드는 그 무엇으로도 대체될 수 없는 강력한 경쟁우위를 갖춘 브랜드가 될 수 있다. 평범함을 뛰어넘어 경쟁 자체를 허용하지 않는 궁극의 '온리 원' 존재의 위상을 갖게 되는 것이다. 온리 원이 되면 굉장히 해결하기 어려운 문제도 의외로 간단하게 해결되기도 한다. 인생도 사업도 마찬가지다. 유일한 존재가 된다는 것은 중요한 것 한 가지에 집중한다는 것이다. 세상에 하나뿐인 온리 원이 되고 나면 그것을 이용해 많은 변화를 일으킬 수 있게 된다. 일단 온리 원 카테고리를 개발하고 나면 지속적인 성장을 위한 발판이 만들어진다.

현대 시장 환경은 나날이 초고속으로 변화에 변화를 거듭하고 있다. 그야말로 무한 경쟁으로 인한 혼돈의 시대다. 이와 같은 무한경쟁의 혼돈 상황에서 벗어나기 위해서는 나만의 전략을 세우고 나 혼자서라도 새로운 길을 개척해 나가는 수밖에 없다. 사람들은 누구나 실패하고 싶지 않다. 그래서 남들이 성공한 길을 따라가려고 한다. 그게 조금이라도 더 안전하다고 판단하기 때문이다. 그런데 사실은 이미 성공한 길을 따라가는 전략이 가장 위험한 전략이다. 기존 성공의 룰을 따라가면 아무도 당신을 비난하지 않기에 안전하다고 생각할지도 모른다. 하지만 경쟁자와 똑같이 행동하는 일은 가장 위험한 전략이다. 누구나 그렇게 생각하기 때문이다. 수많은 아류들 중 하나로 전락해 정체성도 없이 시장의 애물단지로 취급받을 가능성이 크다.

가장 안전한 전략은 남들이 가지 않은 길을 가는 것이다. 길이 없다면 길을 만들면서 가야 한다. 시장이 없다면 새로운 시장을 만들어서라도 유일한 존재가 되어야 한다. 내가 만든 카테고리에서 온리 원이 되는 것이 가장 안전한 전략이다. 치열한 경쟁 시장에서 살아남기 위해서는 대체 불가능한 존재가 되어야 한다. 그러려면 시작단계부터 경쟁자가 없는 시장을 선점하고 시작해야 한다.

기존 카테고리를 세분화해 온리 원 카테고리를 선점하면 지속적인 성장 가능성이 높아진다. 사실 경쟁자 없는 상황을 구축하게 되는 것이다. 일단 독점 상황이 만들어지면 경쟁자들이 카테고리 안으로 들어오는 것을 막는 장벽을 설치하고, 독점의 기간을 오래 유지하는 것이 포인트다.

03

최초로 카테고리를 만들고
선점하라

    시장에서 확실한 경쟁력을 갖추는 방법은 하나의 카테고리를 제일 먼저 장악하는 것이다. 하지만 이미 경쟁이 치열한 카테고리를 선점한다는 것은 사실상 불가능하다. 그러나 기존의 카테고리를 세분화해 새로운 카테고리를 만들어내고, 그 카테고리를 장악하면 쉽게 카테고리를 선점할 수 있다. 규모가 작더라도 카테고리 하나를 장악하는 것은 브랜딩을 하는 데 매우 유리한 상황이 되고, 브랜드를 소비자들에게 인식시키는 데 가장 효과적이며, 시장에서 확실하게 경쟁우위를 가지게 된다.

    효과적인 카테고리를 만들기 위해서는 일단 목표 고객을 정확하게 설정해야 한다. 그리고 그 목표 고객의 고민과 문제점을 찾아본다. 목표 고객의 고민과 문제점을 해결하기 위한 솔루션으로 카테고리를 기획한다. 그렇게 기획되어진 카테고리는 목표 고객들의 관심을 끌어내기가 쉬워진다. 항상 고민하고 있는 문제를 건드리고 있기 때문이다. 관심을 끌기 좋다는 말은 구매 동기가 확실하게 있다는 것이고, 노력하면 구매전환으로 이어지는 것도 용이하다.

새로운 카테고리가 경쟁력을 가지려면 맹목적으로 기존 시장과 목표 고객의 뒤를 따라다니는 방식을 버리고, 선두에서 새로운 트렌드를 이끌어가야 한다. 하지만 문제는 현대의 소비자들은 백인백색(百人百色)의 취향을 가지고 있다는 것이다. 그런 다양한 요구를 충족시켜야 하는 일이 간단하지 않다. 그렇다고 무조건 요구사항을 처리해주고 따르기만 하는 것으로는 성과를 낼 수가 없다. 결국 시장을 주도하는 상황을 만들어내야 하는데, 그러기 위해서는 목표 고객을 조사하고 분석하고 연구해서 그들이 선호하는 취향과 라이프스타일을 제안할 수 있어야 한다. 새로운 카테고리가 매력적인 제안 그 자체가 되어야 한다.

새로 만드는 카테고리가 매력적인 제안이 되기 위해서는 기존 시장의 단점들을 제거하고 장점들을 부각시켜 나가는 전략을 세워야 한다. 하지만 새로운 제안을 한다고 해서 너무 낯선 것을 제안하는 것은 위험하다. 목표 고객들에게 낯선 것을 제안하고 익숙하게 만드는 것은 어려운 일이다. 한마디로 성공하기 어렵다. 이미 익숙한 것을 낯설게 만드는 것이 성공 포인트다. 대부분의 소비자들은 너무 낯선 것에 대한 두려움을 가지고 있기 때문이다. 괜히 모험을 감행해서 나 혼자 손해 보고 싶지 않기 때문이다.

　모든 소비자들은 손실회피의 심리를 가지고 있다. 그러므로 시작은 항상 익숙한 것부터 해야 한다. 시작은 매우 익숙하게 시작하고, 시간이 지나면서 낯설음의 강도를 조금씩 높여가는 단계별 진행 전략이 효과적이다. 이와 같은 방법으로 관점을 바꾸면 새로운 카테고리가 가야 할 방향이 보일 것이다. 대체로 새로운 카테고리의 출현은 기존의 시장을 변화시킨다. 하지만 너무 낯설게 진입해서 실패한 카테고리들도 무수히 많다. 대부분 시장에서 성공적인 새로운 카테고리들은 익숙하지만, 낯선 라이프스타일을 제안하는 경우가 많다. 이런 방식으로 새로운 카테고리가 물이 종이에 스며들 듯이 시장에 천천히 진입하게 되면, 서서히 목표 고객들에게 인지도를 높여갈 수 있게 된다.

　목표 고객을 연구하면서 조금조금씩 기존 시장에서 점유율을 높여가다 보면, 어느 시점에서는 결국 경쟁자들이 쉽게 따라올 수 없는 상황적 독점 시장이 만들어지게 되는 것이다. 사실 이렇게 부분적인 독점 상황을 만들어내는 것이 우리가 새로운 카테고리를 만들어가야 하는 궁극적인 목표가 된다. 새로운 카테고리 영역을 만들고 선점한다는 것의 가장 큰 장점은 모든 것을 내가 정할 수 있게 된다는 것이다. 내가 만든 카테고리의 모든 기준은 내가 정한다. 수익도, 게임의 룰도 내가 정할 수 있다. 가격을 높이는 것과 낮추는 것 모두가 내가 정하면 되는 것이다.

후발 진입자들은 결국 내가 만들어놓은 게임의 규칙으로 경쟁하게 되는 것이다. 이러면 무조건 경쟁력이 생긴다. 다른 경쟁자가 내가 만든 카테고리에 들어와서 자리 잡기 전까지는 내가 카테고리를 사실상 독점하게 되는 것이다.

가장 완벽한 차별화 전략은 내가 직접 최초의 카테고리를 만드는 것이다. 목표 시장에서 최초가 되면 강한 경쟁력을 가지게 되고, 웬만해서는 경쟁 자체가 불가능한 독점 상황이 자연스럽게 만들어지게 되는 것이다. 비록 규모가 작더라도 특정 카테고리 시장에서 독보적이고, 동시에 넘버원이 되는 것은 카테고리를 완전히 선점했다는 것이 된다. 참으로 매력적인 전략이 아닐 수 없다. 이런 상황은 결국 어느 정도 브랜딩이 완성되었다는 의미가 된다. 새로운 카테고리를 만들어 독점하고 상황을 안정적으로 주도해 나갈 수 있게 된다는 것은 기존 카테고리와 경쟁하지 않고, 승리하는 전략이 성공했다는 사실이다.

이렇게 최초의 카테고리를 만들면서 형성된 독점적인 경쟁력은 경쟁 자체를 불필요하게 만든다. 카테고리 세분화는 기존의 카테고리를 더 작게 쪼개고 나누면서 작지만 확실하면서 새로운 시장을 만들어낼 수 있다. 최초의 카테고리를 만들어서 선점하는 방법은 기존 시장을 세분화하면서 만들어진 작은 카테고리를 키워나가는 방법과 기존의 시장과 시장 사이에 아무도 관심 갖지 않는 버려진 틈새 카테고리를 최초로 발견하는 방법이 있다.

세상에는 아직 아무도 관심 가져본 적 없는 카테고리가 많이 존재한다. 분명 존재하고는 있지만, 아무도 관심조차 없는 카테고리인 것이다. 경쟁자들이 거들떠도 보지 않는 카테고리이니 조금만 집중하면 쉽게 선점할 수 있다. 카테고리를 선점하기 위해서는 일단 너무 큰 카테고리를 목표로 하지 마라. 기존의 카테고리를 세분화해서 만만한 작은 카테고리로 만든 후에 그 카테고리를 선점해야 한다. 단계별로 하나하나씩 점령해 나가는 것이다. 고대 중국의 병법서인 《손자병법》에도 싸우지 않고도 쉽게 승리하는 것이 가장 이상적 승리라고 언급했듯 카테고리를 작게 쪼개서 규모가 작더라도 확실하게 영역을 독점해나가는 것이 효과적이다. 작지만 확실한 나만의 카테고리로 만들어서 선점하는 일을 지속적으로 반복하는 것이 경쟁자들과 싸우지 않고 성공하는 현명한 전략이다.

세상에는 아직 아무도 올라간 적 없는 이름 없는 산도 많을 것이다. 못 찾아서 안 올라간 것이 아니라, 이미 알고 있지만 굳이 올라가야 할 의미가 없다고 생각해서 안 올라가는 산도 많이 존재한다. 세상에 존재하고 있지 않던 새로운 시장을 선점하는 법도 이와 마찬가지라고 할 수 있다. 분명 존재하고는 있지만 아무도 관심조차 없는 이런 버려진 시장을 잘 키워나가면 보물산이 될 수도 있다. 장기적인 불황과 치열한 무한 경쟁의 시대가 지속되면서 유일한 카테고리의 가치가 부각되고 있다. 나만이 할 수 있는 일로 단 하나뿐인 카테고리를 세팅하는 것이 가능해지면 경쟁하지 않고 경쟁우위를 오랜 시간 유지할 수 있게 된다. 경쟁우위를 가진다는 것은 매출과 수익을 동시에 높인다.

내가 설정한 목표 시장에서 유일한 존재가 된다는 것은 목표 시장에 확실하게 포지셔닝이 되었다는 의미다. 어떤 눈으로 바라보느냐에 따라 세상은 다르게 보인다. 관점이 바뀌면 보지 못하는 것들을 보게 되기도 하고, 보이는 것을 보지 못하게 되기도 한다. 독보적인 카테고리가 되려면 세상을 보는 관점을 새롭게 디자인해야 한다. 새로운 관점을 디자인한다는 것은 우리가 세상을 이해하는 방식에 많은 변화를 줄 것이다. 새롭게 디자인한 관점을 가지게 되면, 지금까지 보이지 않던 가치를 찾아낼 수 있다. 세상은 보는 사람에게 보이는 대로 존재하는 것이기 때문이다. 세상이 당신을 최고로 바라볼 수 있게 만드는 관점과 가치를 찾아라. 당신 본연의 가치를 가장 값비싸게 세상에 내놓을 수 있는 방법을 지속적으로 연구해야 한다.

하나뿐인 존재가 되고 싶다면 사물을 보는 관점을 새롭게 디자인함으로써 누구도 대체할 수 없는 존재 가치를 만들어내야 한다. 시장에서 빠르게 인정받기 위해서는 오직 하나에 목숨을 걸어야 한다. 대부분의 성공 사례들은 하나에 승부를 걸었기 때문에 강해진 것이다. 그들은 자신이 목표로 설정한 카테고리에서 1등을 하는 것을 목표로 달려온 사람들이다. 독보적인 존재가 되려면 자신만의 독점적 영역과 세분화된 작은 시장을 개척해야 한다.

유일하다는 것은 자신이 아니면 할 수 없는 일을 하는 존재가 된다는 의미다. 탁월하기에 독점적일 수밖에 없는 존재로서 자신이 아니면 할 수 없는 일을 해야 한다. 장기적인 불황이 이어지는 저성장 시대에 들어선 시장에서 자신의 영역을 정확히 설정해 집중하는 최초의 유일한 카테고리 전략은 거절할 수 없는 제안이 될 것이다. 최초의 유일한 카테고리는 상황적인 독점의 가치를 가지고 있어서 세분화된 작은 시장을 장악하게 하는 경쟁력이 된다. 단순한 기술력이나, 자금력의 우위로 얻은 독점은 언젠가 이를 대체할 기술이나 이를 능가하는 자금력이 나오면 무너질 수밖에 없지만, 유일한 카테고리 전략에 기반한 독점적인 경쟁우위 전략을 기반으로 한 독점은 쉽게 무너지지 않는다.

관점을 유일한 것으로 바꾸면 작은 시장에서라도 확실하고 강력하고 독점적인 카테고리 킬러가 될 수 있다. 최초의 카테고리가 된다는 것은 의미가 있는 일이다. 최초이기에 그 카테고리의 모든 기준은 내가 정할 수 있게 된다. 또한 최초의 카테고리가 된다는 것은 소비자의 인식 속에 가장 먼저 들어가서 자리를 잡을 수 있는 기회를 가질 수 있다는 것이다. 내가 만든 카테고리를 선점했다는 것은 브랜딩이 완성되었다는 뜻이기도 하다. 브랜딩이 완성되면 소비자 입장에서는 찾아갈 수밖에 없는 특별한 이유가 되므로 시장에서 강력한 경쟁력을 가지게 된다. 내가 아니면 할 수 없는 컨셉으로 카테고리를 최초로 선점하면, 시장에서 확고한 포지셔닝을 구축하게 되는 것이다. 확고한 포지셔닝은 웬만해서는 흔들리지 않는 안정된 상황적 독점 상황이 자연스럽게 이뤄진다.

04

경쟁우위 전략을 선택하고
집중하라

자금력도 적고, 조직력도 약한데 힘을 여기저기 분산하면 경쟁력이 약해진다. 막강한 자금력이 있는 대기업이 아닌 이상 모든 것을 다 선택할 수 없고, 다 집중할 수도 없다. 경쟁력이 약한 회사가 경쟁력을 가지려면 오직 하나만 판다는 각오로 경쟁력 있는 한 가지를 선택해서 집중해야 한다. 선택한다는 것은 선택한 한 가지 외에는 다 버린다는 뜻이다. 많은 것들 중에 오로지 하나를 나만의 선택 기준을 가지고 찾아내는 것이다.

선택기준을 정하고 목표 고객이 원하는 핵심 포인트를 발견해야 한다. 선택한 것에만 집중하지 않고, 힘이 분산되면 강력한 추진력을 만들기 어렵기 때문이다. 목표한 성과를 이루려면 한 가지만 선택하고, 그것에 집중해서 그 작은 시장에서 최고가 되겠다는 목표를 세워야 한다. 그러나 대부분의 사람들은 한 가지에 집중하지 못한다. 뭐 하나라도 걸려라 하는 심정으로 이것저것 가능성을 타진하다 보니 점점 더 경쟁력이 약해지게 된다. 지금 하고 있는 일이 잘 안 될수록 그러한 현상이 더 심해지고, 더 힘들어지게 된다. 추진력이 약하니까 시장에 진입조차 못하는 것이다.

우주로 나가는 우주선도 대기권을 벗어나기 위해서 초기에 큰 추진력으로 우주선을 대기권 밖으로 강하게 밀어 올려야 한다. 대기권에 일종의 저항력이 존재하기 때문이다. 기존의 시장에 진입하는 것도 우주선이 우주로 나아가기 위해 대기권을 뚫고 나가는 것과 똑같다. 기존 시장에 진입하기 위한 저항력 같은 것이 확실히 존재하므로 초기에 집중해서 강력한 추진력으로 밀고 나가야 한다. 한 가지만 선택하고 그것에 모든 역량을 집중해야 강력한 경쟁력을 가지게 된다. 힘을 분산시키지 마라. 선택과 집중만이 경쟁력을 만들 수 있다. 선택과 집중으로 경쟁력을 갖추게 되었다면 그 경쟁력을 경쟁우위 전략으로 체계화시켜야 한다.

경쟁우위 전략은 한정된 시장에서 경쟁기업에 대해 경쟁적 우위를 만드는 구체적인 전략이다. 경쟁우위 전략을 먼저 구축한 후에 컨셉을 개발해야 시장에서 강력한 영향력을 발휘하는 컨셉을 만들 수 있게 된다. 현대 사회는 각종 미디어를 통해 다양한 지식과 수많은 정보가 넘쳐나는 시대다. 수많은 지식과 정보의 홍수 속에서 얼마나 많이 알고 있느냐보다는 나에게 꼭 필요한 지식과 정보를 얼마나 빨리 잘 찾아내느냐가 더 중요해졌다. 이제 검색 능력이 '삶의 질'을 결정하는 시대가 되었다.

인류 역사상 가장 스마트해진 현대의 소비자들은 상품이나 서비스만을 보고 쉽게 구매를 결정하지 않는다. 점점 더 가치 구매를 한다. 가치 구매를 한다는 것은 단순히 광고 같은 마케팅으로 어떤 상품과 서비스를 제공할지를 알리는 것만으로는 더 이상 성과를 기대할 수 없는 상황이 되었다는 것이다. 현대의 소비자들은 가격 대비 가치에 공감할 때 구매를 결정하게 된다는 것이다.

그러므로 시장에서 경쟁력이 있는 컨셉을 개발해야 한다. 경쟁우위 전략을 세우고, 경쟁자가 제공하지 못하는 특별한 이유와 가치를 제안하는 것이다. 결국 그 특별한 이유와 가치를 소비자에게 효과적으로 제안하고 전달하기 위해서 컨셉을 개발해야 한다.

잘 만든 컨셉은 목표 카테고리에서 경쟁우위를 점유할 수 있다. 지금처럼 치열한 경쟁상황에서 경쟁우위를 가질 수 있는 유일한 전략이 최초의 카테고리를 만들고, 매력적인 컨셉을 개발하는 것이다. 경쟁우위 전략으로 개발된 카테고리와 컨셉은 치열한 경쟁에서 강력한 무기가 될 수 있으므로, 선택과 집중을 통해서 목표 시장에서의 경쟁우위 상황을 만들어간다. 선택과 집중으로 만들어진 카테고리와 컨셉의 경쟁력으로 당신의 사업을 지속적으로 성장시키는 것이 가능하다.

05

익숙하지만 낯선
라이프스타일을 제안하라

스마트해진 소비자들은 안목은 높아졌고 깐깐해졌다. 하지만 웬만한 광고나 마케팅에는 꿈적도 하지 않던 소비자들도 감성적인 컨셉으로 마음을 흔드는 낯선 라이프스타일에는 끌리게 된다. 이성적인 부분으로 공격하는 것이 아니라, 감성적인 부분에 스며들게 하는 전략이 효과적인 것이다. 스마트한 소비자의 머리를 설득하는 것은 어려운 일이다. 끊임없는 이성적인 판단의 증거물을 제공해야 하기 때문이다. 사실 모든 정보가 공개된 투명한 사회에서 가격을 내리는 것 말고, 구체적인 이익의 증거를 지속적으로 제시하는 것은 쉽지 않은 일이다. 하지만 소비자의 감성을 공략한다면 상황을 변화시킬 수 있다. 가슴 떨리는 감성적인 가치를 제공하면 의외로 쉽게 무너질 수도 있다. 소비자

33

의 마음을 흔드는 가치가 무엇인지 찾아라.

가치는 물질적인 것보다는 심리적이고 주관적이다. 그러므로 소비자들의 마음을 이해하지 못하고 제대로 공감하는 능력이 부족하다면, 이 이상 어려운 것이 없을 것이다. 차라리 최저 가격으로 승부하는 것이 속편할 것이다. 하지만 가격만으로 승부하는 것은 결론이 뻔하다. 자금력이 풍부한 대기업이 아니라면 성장하기 어렵다. 결국 한계에 직면하게 될 것이다. 조직력과 자본력이 있는 대기업은 가격으로 승부할 수 있지만, 대기업이 아닌 소상공인들은 본연의 가치에 집중해야 생존 가능하다. 비록 그 규모는 작더라도 가장 확실하고 강력한 경쟁력을 가지려면 나만의 감성적인 가치로 낯선 라이프스타일을 제안할 수 있어야 한다.

낯선 라이프스타일을 제안할 때 주의할 점은 낯선 것을 익숙하게 만들려고 애쓰지 말라는 것이다. 시간이 너무 오래 걸리기 때문이다. 성공하면 대단히 큰 성공을 하게 되지만 확률이 낮다. 하지만 소비자들에게 이미 익숙한 것을 살짝 낯설게 만드는 것은 성공 확률이 높다. 큰 성공의 가능성은 낮아도 확실하게 작은 성공은 획득하기가 용이하다. 별다른 거부감이 없기 때문이다. 하지만 그렇다고 해서 익숙함에서 벗어나지 못하는 것은 경계해야 한다. 새로운 카테고리나 브랜드를 만드는 데 실패하는 99%의 원인은 자꾸 익숙한 과거로 돌아가려고 하기 때문이다. 익숙한 길의 유혹에 빠지는 것은 그 길이 안전하다고 생각하기 때문이다. 하지만 그 반대다. 익숙함에서 시작하는 것은 중요하지만, 그 익숙함을 벗어나지 못하면 그 자리에 다시 주저앉게 된다. 익숙함을 기반으로 하는 낯설음을 만들어내는 것이 효과적이다. 이미 진부해진 익숙함에서 더 '나음'을 지향하면 실패한다. 익숙함으로부터 '다름'의 가치를 추구해야 한다.

나음보다 다름의 가치에 집중해야 가시적인 성과를 만들어낼 수 있다. 남들과 비교해서 '나음'을 버리고, 남들과 '다름'의 가치를 지속적으로 추구해야 '다름'의 가치가 진가를 발휘하게 된다. 다름의 가치를 품은 낯선 라이프스타일은 새로운 컨셉을 개발하는 흔들리지 않는 정체성이 된다.

현대에는 소비자들의 생각과 트렌드가 너무 자주 변화한다. 현대의 소비자들은 상품이 아니라 의미를 구매하기를 원한다. 하나를 사더라도 꼭 살 수밖에 없는 특별한 의미를 사고 싶어 하는 것이다. 사람들이 미처 생각하지 못한 '낯설음'은 순간적으로 소비자의 마음을 흔들게 된다.

새롭지만 낯선 라이프스타일을 제안하는 것에 대한 소비자들의 관심은 상품 이상의 가치가 될 수 있다. 그러므로 사람들이 진짜 무엇을 원하는지 진정으로 하고 싶은 게 무엇인지를 연구하고 찾아내야 새로운 낯선 라이프스타일을 제안할 수 있다.

사람들이 지금까지 경험하지 못한 새로운 컨셉이 필요한 이유는 사회의 변화를 일으킬 수 있기 때문이다. 그 변화는 낯선 라이프스타일로 표현된다. 낯선 라이프스타일은 새로운 가치와 새로운 의미를 만들어낸다. 소비자들이 낯선 라이프스타일로 고민과 문제를 해결하고 행복해지는 것이 컨셉이 추구하는 본질적인 가치가 될 것이다. 익숙하지만 낯선 라이프스타일을 제안하는 사람이 새로운 카테고리를 만들어 그 시장을 독점하게 될 것이다.

06

희소가치가 있는
카테고리를 만들어라

경쟁에서 살아남기 위해서는 경쟁자들보다 강력한 전략을 세워야 한다. 그래야 수많은 경쟁자들을 제치고 목표 시장에서 존재할 가치를 가지게 된다. 넘버원보다 온리 원이 더 중요한 이유다. 넘버원은 일시적인 지위의 점유이지만, 온리 원은 세상에 하나뿐인 희소가치를 기반으로 하기 때문이다.

현대와 같은 저성장, 장기 불황의 시대에서 수요는 한정되어 있고, 공급자는 넘쳐난다. 모든 것이 풍요로운 시대다. 소비자들은 그리 아쉬울 것이 없고, 비슷한 수준의 대체 가능한 선택지가 너무나도 많이 존재한다. 이처럼 치열한 무한 경쟁 시장에서 '넘버원'이 되는 것은 대기업처럼 막강한 자본력을 기반으로 하지 않는다면 정말 어려운 일이다. 하지만 아무도 하지 않는 것에서 희소가치를 만들어내는 '온리 원' 전략으로 작은 시장에서 일대일 승부하면 큰 비용을 들이지 않고도 웬만해서는 지지 않는 전략을 세울 수 있다. 그러므로 희소가치를 기반으로 한 온리 원 카테고리를 만들어야 한다. 이러한 희소가치가 있는 온리 원 카테고리 전략은 오프라인 대형 유통업체들의 전략이기도 하다. 시장에서 가격 경쟁력을 갖춰야 높은 수익을 기대할 수 있기 때문에 희소가치가 있는 온리 원 PB(Private Brand, 자체 브랜드 상품) 개발에 전사적 노력을 집중하고 있다. 경쟁력 있는 온리 원 상품 카테고리를 점유한 유통 브랜드가 가격 결정권을 손에 쥐게 되기 때문이다. 소상공인 경영자도 마찬가지로 나만의 독보적인 희소가치를 개발해야 한다.

새로이 창업을 시작하는 사람은 많지만, 성공하는 사람은 그리 많지 않다. 창업이 성공하고 실패하는 이유는 여러 가지가 있겠지만, 성공하는 이유는 단 하나다. 이 세상에 하나밖에 없는 희소가치가 있는 존재가 되는 것이다. 이 세상에 하나밖에 없는 희소가치만큼 강력한 차별화는 없기 때문이다. 사람들은 무슨 사업이 잘될까 하고 창업 아이템을 찾아다닌다. 하지만 사람들이 다 좋다고 할 때는 이미 늦었다. 그때 시작하면 막차를 탄 것이다. 새로운 사업으로 성공하려면 독점 가능하고, 희소가치가 있는 아이템을 찾아내거나 만들어내야 한다. 그런 매의 눈을 가지려면 시장의 트렌드를 읽을 수 있어야 한다. 시장의 트렌드를 읽기 위해서는 다양한 시장을 조사하고 깊이 있게 분석해야 한다. 경쟁력 있는 창업 아이템은 그 과정에서 찾을 수 있을 것이다. 지금 아무도 관심 갖지 않는 사업이지만, 향후 반드시 주목받을 수 있다는 확신이 서는 아이템, 그리고 꾸준히 성장 가능성이 있는 아이템, 그것이 좋은 창업 아이템이다.

지역을 한정하든, 목표 고객을 한정하든, 희소성 있는 새로운 카테고리를 만들면 경쟁력이 생긴다. 희소가치 있는 카테고리를 만들고 온리 원 컨셉을 만들어라. 막연하게 남들이 다 하는 평범한 사업 아이템만 가지고 사업을 시작하는 사람보다 희소가치가 있는 카테고리를 만들고, 온리 원 컨셉으로 창업을 하는 사람이 성공할 확률이 높다. 결국 사업의 경쟁력은 차별화된 컨셉에 있기 때문이다. 남들이 가지고 있지 않은 희소가치가 있는 온리 원 컨셉을 개발하는 것이 핵심 성공 전략이 된다.

그렇다면 희소가치가 있는 온리 원 카테고리와 컨셉은 어떻게 만들 수 있는 것일까? 시장의 트렌드를 읽는 것이 필요하고, 폭넓은 조사와 철저하게 분석하는 능력이 필요하다. 그리고 경영자의 연구심과 실행능력이다. 철저한 조사와 분석을 통해 만들어진 카테고리와 컨셉도 경영자의 최종적인 선택과 집중, 그리고 실행하는 역량이 부족하면 성공하기 쉽지 않다. 예를 들어 당신의 사업이 음식을 판매하는 사업이라고 해서 음식에만 집중해서는 성공할 수 없다. 예전에는 음식점이라고 하면 음식 맛만 좋으면 성공할 수 있었지만, 지금은 음식 하나만으로 성공하기는 어렵다. 왜냐하면 음식의 품질이 전반적으로 다 좋아졌기 때문이다. 누구나 품질이 좋은 음식을 팔고 있는데, 그 상황에서 단순히 음식만으로 차별화하기가 쉽지 않다.

현대 사회는 상품 그 자체보다는 희소가치가 있는 컨셉을 구매하는 시대다. 음식의 맛은 당연히 중요하지만, 주인공은 역시 컨셉이어야 한다. 희소가치가 있는 컨셉을 개발해야만 하는 이유는 사실 단순하다. 대부분의 소비자들은 하루 종일 SNS, 인터넷, TV 등 다양한 미디어 매체들을 통해 엄청난 양의 정보를 접하고 있기 때문이다. 확실한 컨셉이 없다면 존재감이 없는 것이다. 게다가 소비자들에게 너무 많은 것을 복잡하게 이야기해서는 안 된다. 대부분의 사람들은 기억 용량의 초과로 여러 가지를 한꺼번에 기억할 수가 없기 때문이다. 남들과 차별되는 명확한 온리 원 컨셉 한 가지만을 내세워서 소비자들에게 지속적으로 반복해서 강조해야 효과를 볼 수 있기 때문이다. 목표 고객들에게 당신의 사업을 빨리 인식시키기 위해서 희소가치가 충분히 존재하는 온리 원 카테고리와 컨셉을 가지고 있어야 한다. 이 세상에 하나밖에 존재하지 않는 희소가치는 강력한 차별화 전략이 될 수 있다.

구하기 힘든 상품일수록 더 높은 가치를 인정받게 된다. 희소하다고 하면 가지고 싶은 욕망도 더 커지는 것이 사람의 심리다. 객관적인 가치요인보다는 희소가치가 의사를 결정하게 하는 동기를 제공한다.

희소한 것이 세상을 지배한다. 흔해지면 가치가 사라진다. 사람들은 희소가치에 큰 의미를 둔다. 아무리 우수한 상품도 흔하면 가치를 인정해주지 않는다. 희소한 것은 구하기 힘들고, 드물게 존재하니까 가치를 가지게 된다. 많아지면 더 이상 희소가치는 존재하지 않게 된다. 사실 희소가치 존재는 없는 것일 수도 있다. 사람들이 만들어낸 허상일수도 있다. 영원하지 않은 것이다. 흔해지면 사라지는 신기루 같은 존재다. 희소가치를 좀 더 오래 유지하게 하는 것이 전략이 된다.

희소가치는 공급이 적기 때문에 발생한다. 가치가 절대적이지 않으며, 오로지 주관적이고 상대적으로 평가된다. 따라서 남들이 소유하기 전에 내가 먼저 갖고 싶어 하는 소유욕을 제대로 자극해야 희소가치가 더 올라가는 것이다. 독점이 경쟁력이 되는 이유다. 다른 곳에서는 구할 수 없는 희소가치가 존재할 뿐만 아니라, 오랜 기간을 유지하는 것이 가능하기 때문이다. 그러므로 희소가치가 있는 독점 카테고리는 경쟁할 상대가 존재할 수가 없는 것이다. 그러므로 희소가치가 있는 독점 카테고리는 소비자들에게 찾아올 수밖에 없는 특별한 이용 동기를 제공하게 되는 것이다.

컨셉으로 유혹하고
공간으로 브랜딩하라

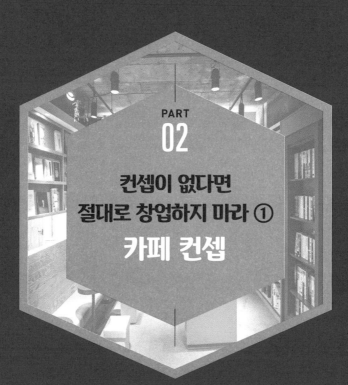

PART
02

컨셉이 없다면
절대로 창업하지 마라 ①
카페 컨셉

카페, 외식 창업
황금법칙

01

핫한 카페 컨셉은
어떻게 만들어지는가?

카페 창업은 항상 인기다. 이미 시장은 포화상태인데도 계속 창업이 일어나고 있다. 끊임없이 카페들이 폐업하고 있지만, 그 수 이상으로 새로 창업을 한다. 그래서 사람들은 카페 창업하지 말라고 말린다. 뉴스나 미디어에서 창업 전문가들도 카페 창업하면 망한다고 생각 없는 앵무새처럼 말한다. 카페 창업을 좀더 정확하게 표현하자면 경쟁력 있는 컨셉 없이 카페를 창업하면 무조건 망한다. 다시 정리하면 강력한 컨셉과 공간을 가진 카페는 웬만해서는 망하지 않는다. 카페 시장은 고가 시장과 저가 시장으로 양립하고 있다. 이 시장에 코로나를 계기로 언택트 카페 창업아이템이 가속도를 내고 있다. 무인 카페와 프리미엄 자판기 카페들이 속속 창업하고 있다. 저가이면서 언택트 시스템

45

을 갖춘 무인 카페와 프리미엄 자판기 카페가 저가 카페 시장을 급속도로 잠식해갈 것으로 예상된다.

고가, 저가, 무인 삼파전이 치열한 가운데 대형 베이커리 카페, 애견 카페, 무인 오피스 카페 등도 무섭게 성장 중이다. 향후 카페 창업은 남들과 확연하게 차별화되면서 재미있는 컨셉과 그 컨셉을 구체적으로 잘 구현해주는 공간 기획력을 가진 카페만 생존하고 성장할 것이다. 그냥 커피만 파는 컨셉도, 경쟁력도 없는 카페는 무조건 망할 것이다. 컨셉과 공간 기획력은 고관여 카페일수록 효과적이다. 카페 시장도 소비자의 브랜드 관여도가 컨셉을 좌우하게 된다. 예를 들면 고가의 고관여 카페에 오는 고객들의 이용 동기는 편안한 분위기, 인스타그래머블한 컨셉을 찾아오는 것이다. 하지만 관여도가 낮은 저가 카페를 방문하는 고객들이 바라는 것은 오로지 저렴한 가격이다. 저가만으로는 경쟁력이 없다. 저가 소형 카페는 아주 상권이 좋은 입지를 가지고 있거나, 그 외 어떤 특별한 경쟁력을 갖춰야 한다. 저관여의 저가 카페 중에는 무인 카페에 관심을 가질 필요가 있다. IT기술을 적용해 24시간 무인 관리 시스템 구축이 가능하므로 유동인구가 많은 번화가 중심지나 집객시설에 창업하면 승산이 높다. 무인 카페는 테이크아웃형이 주가 되지만, 대형 집객 시설에서는 컨셉과 공간 기획이 경쟁요소가 될 것이다.

시장의 트렌드를 주의 깊게 살펴보면 이른바 강력한 컨셉이나 특별한 경쟁력 없이 커피와 음료만을 파는 카페업은 사양길로 진입했다. 그런데 카페의 DNA를 가지고 있지만, 다양한 업종들과 콜라보가 이뤄지면서 수많은 변종, 융합 카페 컨셉들이 창업아이템으로 개발되고 있다. 3평짜리 샵인샵 테이크아웃점에서부터 500평짜리 복합 문화공간 카페에 이르기까지 공간의 형태, 목적, 서비스 형태도 다양하게 발전하고 있다. 이런 관점에서 본다면 단순한 커피를 판매하는 카페는 경쟁이 치열하고 사업성도 불투명하지만, 다양한 변종 카페들의 성장 가능성은 무한하다. 이른바 변종 컨셉 이업종 간 콜라보 카페의 전성시대가 시작되었다.

스터디 카페, 만화 카페, 애견 카페, 세탁소 카페, 편의점 카페, 꽃집 카페, 스마트폰 판매점 카페, 타로 카페, 보드게임 카페, 사진관 카페 등 무한접목, 변신이 가능하다. 계속 새로운 카페 컨셉이 지속적으로 개발되고 있다. 독서실, 세탁소, 애견 호텔 등 세상의 모든 창업 아이템과 카페 사업이 접목되고 융합되기 시작했다. 이런 방식으로 변종들이 생기고 융합의 마인드로 카페 사업이 진행된다면, 아무런 컨셉이 없는 카페들은 당연히 망할 것이고, 컨셉이 강한 카페들은 지속적으로 성장할 것이 분명하다. 카페라는 공간이 변신로봇이나 생물체처럼 고객들과 유기적으로 소통하면서 계속 무한 변신하는 것이다. 빠르게 변화하는 소비자들의 변심과 시장 트렌드의 변화속도에 맞춰서 융통성 있게 성장 전략을 세우는 카페 산업은 계속 성장할 것이다.

다양한 컨셉의 카페가 성장하는 배경에는 모든 유통 산업의 주도권이 온라인으로 완전히 넘어가버린 시대적 상황이 있다. 오프라인 판매점들은 이제 절대로 온라인 판매점을 이길 수가 없다. 그러므로 기존의 오프라인 산업들은 온라인 산업과 같은 시장에서 같은 방법으로는 경쟁상대가 되지 못한다. 온라인과 직접 경쟁하지 않는 전혀 다른 시장에서 전혀 다른 방법으로 승부해야 한다. 오프라인 비즈니스 모델들은 온라인 비즈니스가 못하는 것을 해야 경쟁력이 있다. 온라인이 하지 못하는 유일한 것은 바로 오프라인 공간이 없다는 것이다. 결국 오프라인 공간은 오프라인 공간만의 강점들을 컨셉으로 개발해서 승부해야 한다. 온라인과 경쟁하지 않고 오프라인만의 존재 가치를 만들고 스스로 증명해야만 한다.

온라인 비즈니스의 관점에서 보면 오프라인 비즈니스는 완전히 몰락했다. 그러므로 오프라인 비즈니스는 기존의 관점을 폐기하고 새로운 관점을 만들어야 한다. 오프라인에서만 가능한 사업 모델을 개발해야 하는 것이다. 그를 통해서 온라인과 완전히 차별화하거나 온라인과 공존 가능한 비즈니스 모델 컨셉을 개발해야 한다. 핫한 카페들은 그런 과정들 속에서 새로운 경쟁력을 장착한 이업종 콜라보 카페들은 계속 진화하고 성장할 것이다.

한식 디저트를 파는 카페의 공간 기획이다. 인적이 드문 주택가 상가 2층에 있는 카페에 고객이 찾아오게 만들기 위해서 북카페 컨셉을 적용했다. 출입구 자동문도 책장으로 만들었다. 출입구 책장문이 포토존이 되었다(컨셉 개발/공간 기획/공간 설계 : 카니트 컨설팅).

02

컨셉이 없으면
카페 창업하지 마라

이탈리아식 화덕피자와 파스타를 커피와 함께 파는 이탈리안 푸드 카페다. 딱 봐도 한눈에 이탈리아 지중해 느낌이 물씬 나는 공간이 먼저 고객을 맞이한다. 마치 "여기부터는 이탈리아야. 이탈리아에 여행 왔다고 생각하라고" 하며 공간이 말을 건네는 듯하다. 매장 안으로 들어오니 매장 한가운데에 이탈리아에서 직접 수입해왔다는 화덕이 설치되어 있다. 그 앞에는 큰 피자 삽자루를 들고, 연신 피자를 굽고 있는 요리사가 있다. 벽면에 설치된 액자를 보니 이탈리아 화덕은 나폴리 베수비오 산에 있는 화산석으로만 만들 수 있고, 이 화덕은 그 화산석을 수입해서 만들었다고 적혀 있다. 뭔가 믿음이 확 간다. 그 옆에 다른 액자에는 이 레스토랑의 주인장이 이탈리아 국립 피자 학교를 졸업했다는 졸업장과 이탈리아 피자율로협회 정회원 자격증이 걸려 있다. 그 증거물들을 보니 "이야, 오늘 아주 제대로 된 피자를 맛볼 수 있겠는데" 하고 기대가 충만하게 된다.

화덕피자 카페의 주인장은 이탈리아에 건축을 공부하러 갔다가 이탈리아의 피자 맛에 빠져서 현지에서 피자를 공부하고 국내에 들어왔다고 한다. 현재 건축 디자인 사무실도 운영하고 있고, 이탈리안 레스토랑도 운영하고 있다고 적혀 있었다. 주인장의 인생 스토리도 흥미롭다. 건축가가 구워주는 화덕피자라니 갑자기 가치가 느껴진다. 고객이 화덕피자 브랜드 스토리와 브랜드 경험을 먼저 맛보고 있는데, 주문한 화덕피자가 즉석에서 구워져서 파스타와 함께 제공되었다. 고객은 이미 컨셉이라는 경험을 먼저 맛을 본 상태다. 그러니 그 화덕피자가 어찌 맛이 없을 수가 있겠는가?

소비자들은 메뉴 맛뿐만 아니라 낯설고 새로운 컨셉과 경험에 더 열광한다. 이처럼 소비자들이 컨셉과 경험을 중심으로 공간을 기획하면 소비자들의 좋은 반응을 이끌어낼 수 있게 된다.

이와 마찬가지 경우로 저온 압착 방식으로 참기름을 짜는 방앗간을 카페로 만들어 커피를 팔고, 참기름도 팔며, 수제맥주 공장 안에서 맥주를 마신다. 커피 로스팅 기계가 돌아가는 공간에서의 커피가 더 맛있다고 느끼는 사람들이 많아지고, 치즈공방, 디저트공방, 떡방앗간에서 갓 만든 맛을 경험하는 것을 즐기는 소비자들이 많아졌다.

낯설고 새로운 볼거리, 경험거리도 맛이 된다. 내가 직접 봐야만 믿는 시대가 된 것인 걸까? 아니면 호기심이 많아져 새로운 공간 경험이 필요해진 것일까? 둘 다일 수도 있다. 그래서인지 레스토랑의 경우에도 오픈 주방이 인기다. 좋은 식재료를 공개하고 조리법을 공개하니 소비자들은 그 브랜드를 신뢰한다. 스마트폰의 보급으로 공유하는 경제의 시대가 되었다. 숨기지 말고 다 보여주라. 지금의 스마트한 소비자들은 투명해야 신뢰하고 내 눈으로 봐야 믿는다.

예쁘고 멋있는 공간이 중요한 게 아니다. 디자인이 멋진 공간은 이미 많다. 하지만 특별한 컨셉을 경험하게 해주고, 그로 인해 신뢰와 안심까지 보여주는 기획된 공간은 많지 않다.

여러 가지 사회 환경적인 요인으로 사람들이 잘 모이지 않는 시대다. 사람들이 모이는 공간을 만들려면 디자인 이전에 강력한 컨셉과 공간 기획이 있어야 한다. 상품을 팔지 말고 스토리텔링을 팔아야 한다.

지금 이 순간에도 수도 없이 많은 공간들이 쏟아져 나오고 있으며, 멋진 디자인을 자랑하고 있다. 하지만 디자인만으로는 뭔가 부족하다. 예쁘기만 한 공간은 이미 많다. 공간에 그 공간만의 스토리와 컨셉을 담아라. 공간에 스토리텔링을 입히면 바로 공간의 가치가 재생산되는 것이다. 예를 들면 미국 할리우드 유명 배우가 1주일간 체류한 호텔이라는 스토리가 붙으면 그 공간의 가치를 달라진다. 그러므로 무작정 공간을 멋지게 만들려고 하기보다는 기획 단계부터 탄탄하게 전략을 세우는 것이 필요하다.

핫한 카페란 얼마나 멋지냐보다는 사용자들의 마음에 어떻게 기억되고, 얼마만큼 오래 기억되느냐가 더 중요하다. 무작정 공간만 있으면 카페가 되는 시대는 이미 오래전에 지났다. 카페에 나만의 스토리텔링을 얹어라. 세상에 하나뿐인 컨셉을 장착하라. 핫한 컨셉을 개발하지 못했다면 절대로 카페를 창업해서는 안 된다.

디저트 상품성을 시각적으로 강조하기 위해서 케이크 냉장 쇼케이스를 카운터 탑에 올린 디자인을 선택했다. 주문 계산대 우측 벽면에 칠판을 설치하고, 분필로 직접 쓴 메뉴판이 정겨운 수제 감성을 발산한다(컨셉 개발/공간 기획/공간 설계 : 카나트 컨설팅).

03

카페 브랜드를
경험하게 하라

　장기불황에 갈수록 경쟁이 치열해지는 상황이다. 도대체 무엇을 어떻게 해야 내 가게로 손님들이 줄서게 만들 수 있을까를 고민하는 카페 경영자들의 고민은 날로 깊어만 간다. 대부분의 카페 경영자들은 매출을 올리기 위해 비장의 신메뉴만(?)을 준비한다. 매장공간은 그대로인데, 신메뉴만 딸랑 내놓고 고객들이 몰려오기를 기대한다. 결과는 당연히 효과가 없다. 왜 그럴까? 시대환경과 고객들의 취향이 빠르게 변해가면서 단순히 상품의 우수성이나 맛있는 메뉴를 개발하는 것만으로 고객을 끌어들이기에는 역부족이 된 것이다. 즉, 메뉴는 바꾸었지만 고객들의 매장에 대한 고정된 인식을 바꿔놓지는 못했기 때문에 별다른 반응을 일으키지 못한 것이다.

그렇다면 과연 무엇으로 고객의 인식을 변화시키고 마음을 사로잡을 수 있을까? 카페에서 메뉴가 중요한 것은 사실이지만, 절대 메뉴만 가지고는 성공할 수 없다. 카페의 컨셉을 그에 맞게 적절하게 변화시켜줘야 한다. 카페의 컨셉이 변하고, 변한 컨셉을 구체적으로 표현해줘야만 고객들이 그 변화를 감지하게 된다. 메뉴 하나 변화시키는 데도 고객들의 생각까지 배려해야 하는 걸까? 그렇다. 이제 카페는 단순히 먹고 마시는 장소, 상품을 사고파는 행위의 장소 그 이상의 의미를 갖게 되었기 때문이다. 만나고, 대화하고, 휴식하는 것을 즐기는 체험과 경험의 장소로 인식해야 한다. 그러므로 이제 카페 공간은 고객에게 자신의 매력을 한껏 발산하는 장소가 되어야 한다.

청결, 향기, 음악, 편리함, 독특함 등을 동시에 가지고 있어야 한다. 식당의 음식이 아무리 맛있더라도 카페 공간을 제대로 조성하지 못한다면, 맛있는 카페가 될 수 있을지 몰라도, 결코 하나의 브랜드로 성장하지는 못할 것이다. 카페 공간에서 노출된 문제점들은 결국 그 브랜드의 문제점과 동일시된다. 카페 공간은 카페와 고객이 만나는 '진실의 순간(Moment of Truth)'이다. 카페의 공간은 고객 입장에서 볼 때 가장 명확하고, 가장 신뢰 가능한 브랜드 이미지의 축소판이다. 따라서 브랜드 이미지는 곧 고객들이 브랜드를 판단하는 척도가 된다.

고객은 우연히 들른 카페를 정밀하게 조사·분석할 시간도 없고, 그럴 이유도 없기에 카페 공간에서 느끼고, 보이는 순간적인 이미지만으로 그 브랜드 전체를 판단해버리기 때문이다. 컨셉이 바뀌면 빨리 공간의 컨셉을 바꿔야 한다. 그렇게 하지 않으면 고객들은 당신의 새로운 사업 컨셉을 이해하려고 하지 않을 것이고, 당신은 모처럼 시작한 새로운 시도를 빠른 시일 안에 접게 될 것이 분명하기 때문이다. 그러므로 같은 카페에서 메뉴 컨셉만 바꿔서 새로운 사업처럼 장사하지 마라. 결국 이전보다 더 좋지 않은 결과가 나올 수도 있다. 현대의 고객은 단순하지 않다. 예민하고, 감성적이며, 스마트하다. 카페 경영자의 머리 꼭대기에 있다. 쉽게 속아주지 않는다. 고객이 카페에 들어오는 것은 당신의 브랜드 안으로 들어오는 것이라고 생각해야 한다. 당신의 카페와 메뉴를 고객에게 단순하게 판매하려고 하는 단순 판매목적으로 공간을 설계하지 마라. 고객은 그 이상의 희소가치를 보여주길 바란다. 내가 이곳을 계속 방문해야만 하는 특별한 이유를 만들어주길 바라는 것이다.

　카페 공간을 통해서 고객에게 새로운 라이프스타일을 제안하면서 카페 브랜드를 경험하게 하라. 카페 공간 안에서 브랜드와 고객이 소통하게 하라. 이제는 브랜드 경험 공간으로서의 카페 공간을 기획해야 할 때다. 카페 공간이 고객을 끌어들이는 브랜드 체험장이라는 컨셉으로 공간을 기획하라. 카페 공간의 기획은 이제 선택이 아니라 필수다. 우연히 한번 방문했던 고객들의 뇌리에 기억될 만큼 강렬한 브랜드 경험과 브랜드 스토리를 심어줄 수 있다면 한참 시간이 흐른 뒤에도 고객은 당신의 브랜드를 연상하게 될 것이다.

카페 브랜드에 고객 경험 공간이 중요해지는 이유는 소비자들의 감각과 라이프스타일이 변하고 있기 때문이다. 광고나 마케팅을 신뢰하지 않는 소비자들의 호감을 끌어내기 위해 직접 브랜드를 보여주고 리뷰를 받아야 하는 시대가 된 것이다. 좋은 리뷰가 브랜드 신뢰도를 높임과 동시에 자연스러운 입소문을 만들어낸다. 그래서 중요한 것은 소비자들에 멋진 브랜드 경험을 제공하는 것이다. 흥미로운 경험, 재미있는 경험, 감동적인 경험 등이 소비자들의 호감도를 높여주게 된다. 멋진 브랜드 경험을 통해 만들어진 브랜드 호감도는 브랜드와 소비자들의 유대관계를 끈끈하게 만들고, 원활한 소통을 가능하게 한다. 이제 카페 공간은 단순히 커피와 메뉴를 파는 판매 공간 이상의 것을 보여줄 수 있어야 한다. 다양한 라이프스타일을 제안할 수 있어야 한다.

브랜드가 전달하고 싶은 메시지를 직접적으로 전달하는 방식은 소비자들의 호감을 받기 어렵다. 이제 인포테인먼트 공간을 설계해야 하는 시대가 되었다. 연예, 오락성 있는 재미와 함께 메시지를 전달하는 공간 디자인이 의미가 있다. 딱딱한 광고 메시지의 전달을 탈피해서 연예, 오락처럼 즐거운 브랜드 경험을 설계해야 한다. 핫한 카페가 되려면 목표 고객층들이 관심을 가질 만한 흥미로운 주제를 중심으로 브랜드를 경험할 수 있도록 공간을 설계해야 한다.

벽면 전체에 흑경을 설치했다. 그리고 거울 표면에는 메탈커튼을 설치했다. 그리고 흑경과 메탈커튼 사이 천장에 스포트 조명을 설치했다. 중첩의 이미지로 고급스러운 분위기 연출에 성공했다(컨셉 개발/공간 기획/공간 설계 : 카나트 컨설팅).

04

고객은
컨셉을 구매한다

카페 경영자들과 대화를 나누다 보면 대부분 "우리 카페 메뉴는 다 맛있다고 한다"고 말한다. 그러면 필자는 "그렇게 맛있는데 왜 장사는 안 될까요?"라고 되묻는다. 그러면 돌아오는 말이 "글쎄요. 이렇게 맛있는데요. 제가 얼마나 정성들여 만드는데요"다. 오직 맛 하나로 승부를 보려는 카페의 경영자들이 의외로 많다. 매출이 떨어지면 그 해결책을 '메뉴 개발'로 향하는 경우가 90% 이상 되는 것 같다.

요즘 카페들은 대부분 좋은 재료를 쓰고, 메뉴 개발에 고민들을 많이 한다. 그래서 메뉴의 차별화로 경쟁력을 갖기가 쉽지 않은 것이 현실이다. 그렇다면 고객들은 꽤 맛있는 그 카페를 왜 안 가는 걸까? 이유는 단 하나다. 그 카페의 존재조차 모르고, 지나가다 본 적은 있는데 굳이 그 카페에 들어가야 할 특별한 이용 동기를 발견하지 못한 것이다. 그러므로 카페 경영자들은 이제 맛있는 메뉴를 개발하는 데에만 모든 시간과 노력을 다 투자하지 말고, 고객이 수많은 경쟁 카페들을 제쳐두고 굳이 우리 카페에 들어올 수밖에 없는 특별한 이용 동기를 만들어내야 한다. 그 특별한 이용 동기로 컨셉을 개발하고, 공간을 설계해야 한다.

컨셉을 잘 만들고, 구체적으로 표현하며, 효과적으로 알려야 한다. 아무리 맛있는 메뉴라도 고객이 와서 먹어주지 않으면 카페는 존재할 수가 없기 때문이다. 그렇다고 우리 카페 메뉴는 무조건 맛있다, 묻지 말고 일단 먹어보라는 식의 공격적인 마케팅은 큰 효과가 없다. 지금 그런 류의 일방적인 광고와 홍보는 홍수처럼 넘쳐나는 시대다. 그런 직접적인 표현보다는 우리 카페는 이런 생각으로 이런 재료들을 사용해, 이러한 조리방법으로 정성껏 만들었다는 식의 자신감 있는 컨셉을 설계하고, 제대로 알리는 것이 효과적이다.

고객은 음식을 만드는 사람들을 기본적으로 믿지 않는다. 일단 의심부터 한다. 그야말로 입에 들어가는 음식이기 때문이다. 괜히 피해를 입을까 봐 두려운 것이다. 음식을 제공하는 사업은 고객의 신뢰를 얻지 못하면 더 이상 사업을 지속할 수가 없다. 그러므로 고객을 안심시키는 컨셉을 설계해야 한다. 신뢰를 얻기 위해서는 구매시점에서 효과적으로 표현해야 한다. 적은 비용으로 효과적으로 컨셉을 보여줄 수 있는 마케팅 도구 중 하나가 POP 마케팅이다.

POP(Point of purchase, POP)는 매장 등 고객이 음식을 선택하는 구매시점에서 소비자의 주의를 끌어 구매욕을 일으키도록 설계된 점두마케팅 도구다. 요즘처럼 소비심리 침체로 인해 매출하락이 지속적으로 발생하는 시기라면 판매 촉진을 위한 방법으로 효과적이다. POP 홍보 전략은 우리가 어느 장소를 가더라도 흔히 접할 수 있어 단순한 홍보전략이라고 생각할 수도 있겠지만, 소비구매자들의 심리에 미치는 영향력이 크므로 잘 활용하는 것이 필요하다.

POP 마케팅의 장점은 한번 설치해두면 일일이 같은 말을 반복하지 않아도 고객들은 그 내용을 읽고 게시되어 있는 POP 내용에 근거해 고객이 직접 주문을 하기 때문에 종업원이 직접 메뉴를 추천하는 것에 비해 거부감을 크게 줄일 수 있다. 또 POP 마케팅은 그 음식점에서 파는 대표메뉴와 그 특징을 최대한 어필할 수 있다. 식재료, 원산지, 조리 방법 등 내세우고 싶은 내용들을 거부감 없이 자연스럽게 홍보할 수 있다. 이는 곧 고객들의 신뢰와 안심을 획득할 수 있는 기회가 될 수 있다.

배너판도 일종의 POP 마케팅도구인데, 배너는 매장 내부에 설치하는 것보다는 매장 외부에 비치하는 것이 더욱 효과적이다. 외부에 설치 시 그 식당의 대표메뉴를 보여주거나 오늘의 메뉴 또는 파격적인 행사나 정기적인 프로모션 메뉴 등을 보여주면 고객들을 쉽게 유혹할 수 있다.

POP 마케팅을 진행하기 전 먼저 해야 할 일이 있다. 바로 가게의 컨셉을 명확하게 하는 것이다. 내가 자신 있는 메뉴와 서비스를 어떤 고객층을 대상으로 팔 것인지가 분명해야 한다. 그러므로 컨셉이 확실해야만 POP 마케팅이 제대로 효과를 볼 수 있다.

POP 마케팅은 다른 마케팅들과는 달리 구매를 하는 시점에서 고객에게 강력하게 제안하는 것이기 때문이다. 이때 컨셉이 불분명하면 제안이 힘을 발휘할 수가 없기 때문이다. 그렇다면 외부 POP를 잘하는 방법은 무엇일까? 남들이 성공한 방법을 따라 하기보다는 우리 가게만의 컨셉을 잘 표현하는 문구와 아이디어로 만드는 것이 효과적이다.

한 화덕피자 카페의 POP 마케팅 활용 사례를 살펴보자. 이 화덕피자 카페가 고객들에게 알리고 싶었던 매장의 컨셉은 '믿을 수 있는 좋은 식재료를 사용하고, 가급적 공장가공제품들의 사용을 자제하며, 조금 수고스러워도 직접 만들어 담고, 반죽하고 화덕에 직접 굽는 화덕피자임을 강조한다'였다. 먼저 매장 외부에 목재로 만든 높이 160cm 정도의 A자형 양면 배너판을 설치했다. 그리고 약 70cm×90cm 판넬 위에 그 가게의 원칙을 적은 POP를 설치했다.

이 화덕피자 카페는 단순히 레시피에 대한 POP를 부착하는 것만으로도 고객들이 일단 믿고 매장으로 들어오게 만드는 데 성공했다. 카페의 위치가 유동인구가 거의 없는 지역임에도 불구하고 말이다. 그리고 내부를 살펴보면 커피와 포스가 있는 카

1. 매장에서 직접 반죽한 수제도우로 만든 수제피자입니다.
2. 이태리산 홀토마토로 만든 수제소스만 사용합니다.
3. 국내산 오이와 무로 매장에서 직접 담은 수제피클을 제공합니다.
4. 자연이 준 정직한 식재료 본연의 맛으로 요리합니다.
5. 신뢰할 수 있는 자연산 100% 치즈를 사용합니다.
6. 매일 아침 갓 볶은 원두로 커피를 내립니다.

운터 위 선반장을 다른 매장들처럼 음료나 음식의 메뉴판으로 사용하지 않고, 외부의 레시피 5원칙 POP를 다시 설치했다. 코너를 이용해 2개의 POP를 설치해서 모든 방향에서 그 POP를 볼 수밖에 없게 만들었다.

그 외에 카페의 내부에는 대표가 이탈리아 유명 피자집을 방문해서 피자욜로(피자전문가)들과 함께 화덕 앞에서 찍은 사진들과 각종 자격증, 수료증 등을 액자에 넣어 POP처럼 설치했다. 이를 통해 고객들은 '이 집 사장은 맛있는 피자 만들기 위해 이탈리아를 직접 부지런히 왔다 갔다 하며 기술을 습득하는구나'라고 생각하게 된다. 이를 통해 고객은 이 피자가게에 피자에 대해서 무한한 신뢰를 갖게 된다. 이처럼 POP 마케팅을 통해 소비자에게 좋은 식재료를 사용하는 집, 가공식품을 가급적 쓰지 않고 수제로 음식을 요리하는 집, 본고장의 맛을 찾기 위해 이탈리아로 수시로 연구하러 가는 집으로 표현하는 것이다.

매장 곳곳에 이탈리아에서 직수입한 최고 사양의 피자화덕을 사용한다는 POP와 주방에 피자도우 반죽기계가 있는 가게는 여기가 유일하다는 점을 반복해서 강조한다. 특히 화장실 벽면 상반부 전체를 게시판처럼 만들어서 다양한 정보들을 게시물처럼 붙여 놓았다. 고객들이 화장실 안에서 혼자 있으면 게시판에 붙여진 POP들밖에 볼 수 없기 때문에 가독성이 최고다.

이 카페의 POP마케팅은 고객들의 반응이 좋아 인근 식당들의 벤치마킹 대상이 되고 있다. 이 카페의 사례처럼 POP는 저비용이면서도 효과적인 마케팅 도구다. 하지만 아무리 좋은 내용이라도 고객들이 보지 않으면 아무 소용없다. 자신이 판매하고 있는 메뉴의 특징과 장점이 담긴 사진이나 글이 준비되어야 제대로 POP 마케팅을 가장 효과적으로 부각시켜 고객들로 하여금 믿고 선택할 수 있게 만들 수 있다. 사실 이러한 사진과 글들은 POP뿐만 아니라 메뉴판, 홈페이지, 블로그 등 다양한 방법을 통해 마케팅 재료로 사용되어질 수 있을 것이다. 이른바 원 소스 멀티유즈 전략이다.

필자가 해외 벤치마킹을 다녀보면 국내, 일본, 중국, 프랑스, 이탈리아 어딜 가든 장사가 잘되는 카페들은 대부분 POP 마케팅을 효과적으로 잘 활용하고 있었다. POP 마케팅은 실행하기에 간단하면서도, 비용도 적게 들고, 고객에게 카페의 컨셉을 구체적으로 표현하는 데 매우 효과적인 홍보 매체가 된다.

이탈리아 나폴리시 번화가인 스파카 지역의 뒷골목을 다녀온 경험을 담아 카페를 기획했
다. 빈티지한 느낌을 살리기 위해 콘크리트 기둥을 에이징 기법으로 칠을 하고 빨간색 락커
를 컬러 포인트로 했다(컨셉 개발/공간 기획/공간 설계 : 카나트 컨설팅).

05

컨셉으로
스토리텔링 하라

사람들이 좋아하는 공간에는 그 공간만의 스토리가 존재한다. '스토리텔링'은 입소문 마케팅의 핵심이다. 따라서 공간에 담긴 스토리텔링이 감동적이라면 입소문 마케팅이 스스로 작동할 것이다. 스토리가 재미있다면 사람들은 그 공간을 찾아오고 싶을 것이기 때문이다. 공간의 디자인에 대한 정보만 늘어놓으면 사람들은 외면하게 될 것이다. 디자인이 멋진 공간들은 이미 많기 때문이다. 오프라인 공간에 사람들이 스스로 찾아오게 만드는 방법은 역시 입소문이다.

효과적인 입소문 마케팅의 3요소라면 첫째는 재미있는 스토리이고, 둘째는 탁월한 컨셉이며, 셋째는 경험한 사람들의 리뷰일 것이다. 우리의 소비자들은 스마트해지고, 강력해졌다. 이제는 광고나 마케팅은 전혀 효과가 없는 시대다. 소비자들의 자기 주도적인 정보수집과 판단으로 스스로 찾아오게 만들어야 한다. 소비자들의 감성을 자극해 자발적인 입소문 마케팅이 일어나게 하려면 강력한 스토리텔링이 필수다.

　카페에서 팔아야 하는 것은 메뉴와 멋진 공간 디자인만이 아니다. 소비자들의 마음을 흔드는 컨셉과 스토리텔링을 팔아야 한다. 탁월한 컨셉과 탄탄한 스토리가 고객을 끌어 모은다. 흔한 동네 작은 카페도 그 집만의 스토리텔링이 필수다. 예를 들면 같은 커피를 파는 카페 두 집이 같은 동네에서 장사를 하고 있다. A카페는 로스팅 공장에서 원두를 받아서 쓰는 전형적인 카페다. 외부에 카페 이름을 알리는 기본적인 간판 외에는 어떤 표현도 하지 않았다. 하지만 B카페는 카페 전면에 로스팅 기계를 설치해두고, '매일매일 직접 로스팅한 원두로 커피를 내린다', ' 심지어 숯불로 로스팅을 해서 커피 향에 숯 향까지 배어 있다'고 컨셉을 적극적으로 표현한다. 그 내용을 카페 외부에 배너를 설치해서 스토리텔링으로 표현해두었다. 배너에는 '커피 로스팅 20년 경력의 커피 로스팅 전문가인 아버지께서 매일매일 커피 원두를 직접 볶습니다. 아버지가 정성껏 볶은 커피 원두로 2019년 한국 바리스타 대회 챔피언인 아들이 직접 내려드립니다"라고 적혀 있다. 그리고 하단에는 "100% 참나무 숯으로만 로스팅 합니다"라고 되어 있다. 카페 입구 옆 테라스에는 3미터 길이의 현수막이 걸려 있다. "제 나이 30세입니다. 숯불 로스팅 커피 열심히 팔아서 장가가고 싶습니다"라고 직접 쓴 듯한 투박한 손 글씨가 있고, 아버지와 본인의 캐릭터 디자인이 있다. 지나가던 사람들도 그 배너의 재미있는 카피를 읽어보고 웃음을 지으면서 B카페로 들어온다. 숯불 로스팅한 원두커피의 맛이 갑자기 그 배너 카피를 보는 순간 궁금해졌기 때문이다. 왠지 주인장과 아버지가 친근하게 느껴지기도 한다. B카페 앞을 지나가면 커피 볶는 구수하고 기분 좋은 향도 풍부하게 퍼진다. 소비자들은 과연 어느 카페에서 커피를 마시고 싶을까?

스토리텔링을 통해 경영자의 정성을 스토리텔링으로 표현한 카페와 표현하지 않은 카페의 차이는 크다. 아마도 후자의 카페를 선택하는 사람들의 숫자가 훨씬 많을 것이다. 맛까지 훌륭하다면 금상첨화일 것이다. 다양한 후기들이 각 매체로 흘러들어가게 될 것이고, 입소문이 나기 시작할 것이다. 이런 카페는 독특한 컨셉을 담아낸 스토리텔링으로 고객들이 찾아올 수밖에 없는 특별한 카페로 자리 잡게 될 것이다.

테라스를 조성하고 싶었지만 외부는 불법인 상황이었다. 결국 건축물 안으로 들어온 테라스를 설계했다. 카운터와 테라스가 창문 하나 사이에 위치해 내부 공간과 외부 공간이 자연스럽게 연계되는 매력이 연출되었다(컨셉 개발/공간 기획/공간 설계 : 카나트 컨설팅).

06

무인시스템 카페를
창업하라

코로나 팬데믹 시대에도 무인 스터디 카페 또는 무인 오피스 카페는 안정적인 운영을 하고 있다. 비대면 조건을 만들기 때문이다. 무인화와 비대면이 가능하게 하는 IOT(사물인터넷) 시스템이 결합되어 무인포스기(키오스크)와 스마트폰 앱으로 관리 통제가 원격으로 가능한 것이 가장 큰 장점이다. IT 기술 기반의 완성도 높은 비대면 서비스 시스템을 기반으로 독서실과 카페, 사무실과 카페에서 각각의 장점만을 딴 가성비 좋은 무인 스터디 카페, 무인 오피스 카페는 성장 가능성이 충분하다. 향후에는 더 많은 수요가 있을 것으로 예측된다. 대부분 사람들이 걱정하는 비말감염 가능성을 최소화하는 언택트 공간 설계와 실내 공기를 최적화하기 위해 최신형 공기정화 공조시스템을 갖춰야 한다. 동시에 자연 환기를 위한 창호나 직간접 시스템도 충분히 고려해서 적용해야 한다. 결국 비대면 공간이면서 안전한 공간이라는 공간 설계 컨셉이 핵심 경쟁력이 된다. IOT 기술력이 발달될수록 지속 가능한 4차 혁명 시대의 최적화된 사무실, 독서실과 같은 융합형 무인 카페 창업 아이템이 대세를 이룰 것이다.

특히 무인 카페, 무인 오피스 공간은 더욱 다양한 형태로 발전될 것이다. 온라인 쇼핑몰 전문 오피스는 택배와 물류 시스템을 특화한 공간이 만들어질 것이며, 사진, 영상 관련 콘텐츠 제작 전문 오피스는 촬영 스튜디오 시스템이 구축되어야 할 것이다. 그냥 오피스가 아니라 전문 사업군별 특화된 오피스 공간으로 진화해나가야 한다.

무인 카페이지만 융합모델이 독서실이고, 오피스이니까 커피가 맛있는 것 이상으로 일에 집중이 잘되고, 공부가 잘되며, 안전한 공간을 기획하는 것이 더 중요해진다. 공간 심리학을 적용해 공간을 디자인하고 집중력을 높여주는 백색 소음 같은 BGM을 적용하는 것도 효과적이다.

코로나19 팬데믹 위기 상황이 상당히 오랜 기간 지속될 것이라고 예측하는 방역 전문가들이 많다. 그 예측이 적중해서 이런 상황이 지속되면 무인시스템을 적용한 공간들과 업종들이 계속 빠르게 늘어날 것이고, 이후에는 지속적으로 상용화 될 것이다. 따라서 무인 시스템을 기반으로 기획된 공간들은 다양한 디지털 시스템을 중심으로 경영전략의 전면적인 전환이 이루어지게 될 것이다.

북카페 이미지를 강하게 강조하기 위해서 천장에 아치형 구조물을 설치하고, 그곳에 책을 매달았다. 그야말로 책 공간이 만들어졌다. 아치형 구조물 하단에는 창문을 30cm 높이로 6m 가량을 길게 설치했다. 운치 있는 전망 창이 답답한 2층 상가에 위치한 카페 공간의 숨통을 열어준다(컨셉 개발/공간 기획/공간 설계 : 카나트 컨설팅).

07

대형 베이커리 카페를
창업하라

최근에 교외지역을 중심으로 대형 베이커리 카페들의 출점이 성황리에 이뤄지고 있다. 각 카페들마다 독특한 테마 컨셉을 전면에 내세우고 있다. 단순히 빵을 팔고 커피를 파는 점포가 아니라, 실내 가족 공원 스타일의 복합문화 공간으로 포지셔닝을 하고 있다. 이런 대형 베이커리 카페들이 늘어나고 있는 지금의 트렌드는 어떻게 만들어진 것일까? 소비자들의 생각이 바뀌면 소비자들의 행동과 라이프스타일이 바뀌고, 행동과 라이프스타일이 바뀌면 공간이 바뀌게 된다. 결국 최근 소비자들의 생각과 라이프스타일이 요구하는 카페 공간이 대형 베이커리 카페다.

단순히 차 마시고 빵을 먹는 판매와 취식 공간 이상의 가치를 추구하는 사람들이 늘어난 것이다. 그 이상의 가치는 무엇이고,

어떻게 만들어지는 것일까?

가치란 한마디로 표현하면 새로운 경험이다. 낯선 경험이다. 다른 체험이다. 사람들은 새로운 체험과 경험을 찾아다닌다. 200평 이상의 큰 카페 공간은 10평 정도의 작은 카페 공간에 비해서 익명성이 보장된다. 오래 머물러도 눈치 보지 않아도 되고, 사람들의 시선이나 간섭으로부터 자유로울 수 있다. 주말이면 가족 단위로 차를 몰고, 대형 베이커리 카페로 모여든다. 마치 실내 가족 놀이동산에 오듯 소풍을 나오는 것 같다. 가족 모임을 하기도 편하다. 평일에는 혼자 와서 일하고, 공부하는 사람들도 많다. 자유롭고, 느긋하고, 익명성이 보장되는 새로운 라이프스타일을 경험하고자 하는 사람들이 늘어나고 있다.

폐창고, 폐공장을 리모델링해서 대형 베이커리 카페를 디자인한다. 빈티지한 공간은 흔적이 많이 남아 있고, 어수룩해서 더 편안하면서도 새롭다. 공간의 크기가 충분하다 보니 카페에서 음악공연을 하는 곳도 있고, 예술품을 전시하는 곳도 많다. 각종 모임 세미나가 진행되기도 한다. 이런 복합문화공간의 역할을 수행하는 대형 베이커리 카페 공간은 계속 새로운 테마와 컨셉으로 변화를 거듭하면서 지속적으로 성장하게 될 것이다. 오프라인 상업 공간의 본질이 판매에서 경험으로 바뀌고 있기 때문이다. 반대로 작은 카페들은 체험형 공간을 경쟁력으로 하는 대형 카페들과 정면 대결하면 안 된다. 오히려 지역 커뮤니티 모임이나 공방 클래스를 중심으로 운영해야 경쟁력을 갖출 수 있다. 주택가에 위치한 작은 카페는 경영자의 친화력이 중요하며, 지역 주민들과 커뮤니티를 구축하는 것이 성공 포인트다. 유동 인구가 많은 번화가에 위치한 작은 카페들은 테이크아웃과 배 달 영업에 집중해야 성공 가능성을 높일 수 있다.

오픈된 높은 천장에 설치된 도넛 모양 구조물들이 중첩되면서 마치 구름을 연상하게 한다. 그 아래 오픈 주방에 다양한 패턴과 디자인 포인트를 집중시켜 주방이 카페의 액티브한 중심축이 되게 기획했다(컨셉 개발/공간 기획/공간 설계 : 카나트 컨설팅).

08

카페 외부 공간을 디자인하라

카페의 외부 공간이 중요한 이유는 고객들이 가장 먼저 접하게 되는 카페의 첫인상이 외부 공간이기 때문이다. 처음 방문하는 고객들은 맛을 보거나 서비스를 직접 받아 보기 전까지는 맛이 어떤지, 점원의 서비스가 친절한지 도저히 정확하게 판단할 방법이 없으므로, 고객들이 가장 먼저 만나게 되는 카페의 첫 이미지는 매우 중요하다. 카페의 첫인상을 결정하는 외부 공간의 설계에 대해서 정리해보기로 한다.

1. 외장

고객에게 편안함과 신뢰감을 주는 카페의 외장 디자인이 시간이 갈수록 중요해지는 시대다. 카페의 외장 디자인은 카페를 대표하는 얼굴이다. 지나가던 고객에게 첫인상을 심어주게 되며, 결국 방문욕구를 만들어내는 역할을 수행한다. 그러므로 고객들이 카페의 외장만 보고도 무엇을 파는지 알게 만드는 것이 효과적일 것이다. 붕어빵을 파는 카페가 붕어빵 모형을 가게 간판 옆에 설치했다. 다소 유치하고, 직접적인 표현방법일지라도 무엇을 주로 파는 카페라는 것을 고객들에게 알리기에는 매우 효과적인 방법이라고 할 수 있다.

카페의 외장 디자인과 상호명, 분위기 등이 온라인 마케팅에서 이색 맛집이나 데이트코스로 정해지기도 하기 때문에 메뉴의 맛 다음으로 카페를 평가하는 요소로 자리 잡게 된다. 카페 외장의 형태는 일반적으로 오픈형, 반오픈형, 비오픈형으로 분류할 수 있다. 최근에는 식자재에 대한 불신과 조리방법에 대한 불신들이 팽배한 시대이므로 완전 오픈형 매장이 선호되고 있다. 반오픈형과 비오픈형은 주로 고단가의 카페나 고급 레스토랑의 경우에 많이 적용된다. 개방감보다는 독립성을 중요시하는 카페 공간들에 더 적합하다.

카페 외장의 경우에는 지역과 건물 규모에 따라 건축법의 적용을 받는 경우가 있으니 공사 전 반드시 해당 관청과 협의한 후 공사를 진행하는 것이 바람직하다. 특히 대도심의 대로변은 미관 심의 지역으로 설정되어 있는 경우가 많으므로 특히 주의해야 할 것이다. 만약 도시계획법상으로 미관 심의 지구 안에 속해 있다면, 지역 건축사사무실을 통해 해당 주무관청에 관련 서류를 접수하고, 외장 디자인 설계 도서를 제작해 사전에 해당 관청의 디자인 적합 여부에 대한 미관 심의를 받아 심사에 통과해야 공사 진행이 가능하다. 최근에는 도시 미관에 대한 관심과 시민의식이 높아진 관계로, 외장 마감재의 재질에 대한 선택 및 간판의 수량과 위치, 크기와 컬러까지도 미관 심의관들이 일일이 검토하고, 부적합하면 특정 디자인을 지정해서 변경을 요구하게 된다.

2. 테라스

최근에 커피 브랜드와 삼겹살 브랜드, 한정식 브랜드, 한식 브랜드의 공간 기획을 동시에 진행했다. 각각 전혀 다른 아이템임에도 불구하고, 4개 매장이 모두 테라스를 가지고 있다. 심지어는 테라스를 설치할 수 없는 매장의 경우에도 홀 면적을 줄이면서까지 테라스 공간을 확보했다. 결국 그렇게 만들어낸 테라스는 고객들이 가장 선호하는 공간이 되었다. 왜 사람들은 테라스 공간을 좋아할까? 탁 트인 개방감을 느낄 수 있어서인 경우가 많다. 테라스 공간은 활용만 잘 한다면 새롭고, 다양한 이미지의 공간을 창조해낼 수 있다. 활용 공간도 넓어지고, 채광이나 전망으로 인해서 업종에 상관없이 카페와 같은 여유로운 분위기도 연출할 수 있는 곳이 바로 테라스라는 공간이다.

카페 공간에서 테라스 공간이 효과적인 이유는 다음의 5가
지다.

① 점포 규모가 실제보다 훨씬 더 확장되어 보이고 더 커 보인다.
② 오픈되어 있는 듯한 개방감을 주므로 점포로의 진입에 부담이 없다.
③ 야외 테라스에서 즐기는 것을 선호하는 소비자들이 상당히 많다.
④ 테라스는 점포 외장을 더욱 효과적으로 연출해주는 디자인 효과가 있다.
⑤ 접객공간뿐만 아니라 대기 공간, 휴식 공간 또는 흡연 공간으로 활용 가
  능하다.

3. 어닝

어닝이란 1층형 카페들의 전면에 설치하는 접이식 천막의 일
종이다. 어닝은 내수성이 우수한 어닝 원단을 말아서 지정된 파
이프에 부착해 비가 오거나 뜨겁고 눈부신 햇빛이 매장 내로 유
입되는 것을 조절하기 위해 날씨와 일사량에 따라 앞으로 넓혀
지는 폭을 조절해 사용할 수 있다.

또한 어닝은 카페 앞 공간을 넓혀주는 장점이 있어 협소한 공
간의 카페나 테라스를 갖고 있는 카페들이 많이 사용하는 부착
시설물이다. 어닝은 수동식과 전동식이 있는데, 카페의 규모가
크거나 어닝이 높은 곳이 설치되어 사람의 손이 닿기가 어려운
경우에 주로 전동식 어닝을 사용하고, 그 외 대부분의 1층 카페

들은 수동식으로 설치하게 된다. 어닝이 가지고 있는 5가지 기능을 정리해보면 다음과 같다

(1) 눈부심 방지 기능

직사광선을 차단해 눈부심을 완화하고, 상품의 변질을 지연하는 효과가 있다.

(2) 비를 피하는 기능

점포 문을 열고, 들어오고 나가는 고객들을 비나 눈으로부터 보호하는 역할을 한다.

(3) 심미적인 기능

적절한 컬러와 디자인을 선택하면 카페의 외장 분위기를 결정하는 디자인 요소가 된다.

(4) 광고홍보기능

적절하게 디자인된 문구나 브랜드 로고가 어닝에 새겨져 있으면 카페 앞을 스쳐지나가는 고객들에게도 자연스럽게 카페를 홍보하는 광고 홍보 전략의 한 수단으로 활용된다.

단, 어닝을 발주하고 시공하는 경우 반드시 기억해두어야 할 주의사항 3가지는 다음과 같다.

① 어닝이 펼쳐지는 각도로 인해 출입문 위쪽이 문 열리는 데 방해가 되는지 살펴야 한다.

② 어닝과 벽체 사이에 갈바로 된 빗물받이 기능을 가진 어닝 커버를 장착해 빗물이 고객들에게 떨어지지 않도록 디테일하게 시공해야 한다.

③ 어닝 천의 컬러와 어닝 지지바의 컬러와 점포 외장 컬러를 조화시켜야 한다.

어닝을 제대로 적절하게 활용하면 점포의 홍보 효과도 극대화되고, 점포의 외장 미관도 더 효과적으로 만들 수 있다.

상기의 외장을 구성하는 디자인 요소들을 적절하게 활용하면 지나가던 고객들도 발걸음을 멈추고 다시 한번 더 쳐다보게 되는 매력적인 점포의 이미지를 만들어낼 수 있다. 점포의 외장이 매력적이면 고객들은 그 이미지를 SNS에 올릴 것이다.

결국, 점포 그 자체가 주변과 철저하게 차별화됨으로써 자연스럽게 점포를 노출시켜서 효과적으로 카페가 널리 알려지게 만든다.

4. 접이문(폴딩 도어)

최근 번성하는 카페형 매장이나 레스토랑들의 경우에는 거의 다라고 표현해도 좋을 만큼 디자인적으로나 기능적으로 폴딩 도어가 인기다. 폴딩 도어는 제대로 만들어지는 우수한 제품의 경우, 문짝과 문짝의 사이에 두꺼운 고무 패킹이 4줄 이상

들어가며, 문을 닫으면 단 1mm의 틈도 찾아볼 수 없을 만큼 밀착력 있게 작동해 찬바람이 많은 겨울철에도 문제없이 사용할 수 있다. 또한 베란다나 테라스를 확장시키거나 내부와 외부 사이에 막혀 있어서 활용 못하던 내·외부 공간을 자유롭게 선택하고 즐길 수 있다. 폴딩 도어의 단점은 가격이 비싸다는 것이다. 그리고 제품 선정을 잘못할 경우 심각한 하자가 발생할 수도 있다는 점이다.

특히 폴딩 도어의 모양만 따라 한 갈바 스틸 철판을 접어서 폴딩 도어 모양처럼 제작해 시공하는 경우가 많은데, 그럴 경우 100% 얼마 못 가 힌지 처짐 등의 하자가 발생한다. 제대로 제조사에서 만든 폴딩 제품의 경우, 하부 레일을 화물차가 밟고 지나가도 끄떡없지만, 현장 제작한 갈바 스틸 레일의 경우에는 하부 레일을 사람이 발로만 밟아도 찌그러질 수 있을 정도로 약하다. 레일이 찌그러지고 문이 처지기 시작하면, 열고 닫는 구동성에 있어서 큰 문제가 발생하게 되고, 갈바를 접어 접이식 도어를 만들면 알루미늄 재질로 제작한 폴딩 도어보다 고무 가스켓이라든지, 호차, 베어링 런너 같은 부속품들을 제대로 장착시키지 못한다. 그렇기 때문에 도장 칠이 쉽게 벗겨지는 것은 물론, 문틈이 벌어지는 현상이 생기고, 방음 및 단열도 잘되지 않는다.

폴딩 도어는 매장의 디자인에 큰 역할을 한다. 매장의 전체적인 이미지 향상에 큰 도움이 된다. 폴딩 도어를 선택할 경우 다음의 사항을 체크해야 한다.

컨셉으로 유혹하고 **공간으로 브랜딩하라!**

① 폴딩 도어가 부드럽게 열고 닫히는 슬라이딩 하드웨어를 체크할 것

② 작동 도중 손이나 발이 낄 경우 다치지 않도록 안전장치가 있는지 체크할 것

③ 도장 강도가 충분해서 사용 중 도막이 잘 벗겨지지 않은지 체크할 것

폴딩 도어는 카페나 레스토랑 등에 사용하면 효과적이고, 최근에는 외식 공간 등에서도 많이 활용하는데, 고객들의 반응은 대부분 좋은 편이다. 단, 한정식이나 뷔페, 고급 레스토랑 등 고가의 전문요리점들은 자칫 분위기가 산만해질 수가 있기 때문에 적용에 신중을 기해야 한다.

상기의 외부 공간들의 적용은 카페 공간의 상황과 용도, 그리고 예산에 따라 적절하게 적용하는 것이 필요하다. 어떻게 보면 전체 공간 설계에 비해서 사소한 부분들일 수도 있지만, 고객의 불편은 이런 사소한 것들에서 발생한다. 동시에 고객의 감동도 배려심 깊은 사소한 디테일에서 만들어진다. 작은 것에도 고객을 우선으로 세심하게 배려하는 마음을 공간에 표현하는 것은 고객이 찾아오고 싶은 카페 공간 디자인의 성공 포인트가 된다.

번화한 홍대 중심 도로를 내려다볼 수 있는 카페 4층 공간이다. 홍대입구에서부터 양화대
교까지 이어진 8차선 대로의 풍경이 세련된 도시형 라이프스타일 카페의 전망 포인트가 되
었다(컨셉 개발/공간 기획/공간 설계 : 카나트 컨설팅).

09

알려지지 않은 컨셉은
세상에 존재하지 않는 것과 같다

상품을 파는 것은 어렵다. 경쟁이 심하기 때문이다. 상품을 잘 팔고 싶다면 상품 그 자체보다 컨셉으로 유혹하는 것이 더 효과적이다. 상품을 먼저 파는 것이 어려운 이유는 상품 그 자체에 대한 확신이 없고 선택을 위한 객관적인 판단 기준이 명확하지 않기 때문이다. 그러므로 상품부터 팔려고 서두르지 말고 매력적인 컨셉을 먼저 구매하게 만들어야 한다.

대다수의 소비자들은 손해 보고 싶지 않은 심리를 가지고 있다. 그래서 낯선 카페에 쉽게 들어가지 못하는 것이다. 어이없게 속거나 피해를 보는 황당한 상황을 만들고 싶지 않기 때문이다.

혹여 내가 지불하게 되는 대가에 못 미치는 부실한 상품을 구매하게 되거나, 부실한 서비스에 피해를 당하게 될까 봐 두려운 것이다. 대부분의 소비자들은 다른 경쟁 카페들과 비교해서 확연히 다른 가치와 구매동기를 제공한다는 확신이 들지 않으면 선택을 보류하는 것이다. 소비자들이 카페 안으로 들어오지 않았다는 것은 매출이 제로라는 의미다. 그래서는 안 된다. 체험이 중요한 사업이기 때문이다. 일단 소비자들이 카페 안으로 들어오게 할 자신이 없다면 내일 당장 사업을 접어야 한다.

컨셉을 차별화했다는 의미는 식별력이 있다는 의미다. 당신이 운영하는 카페 양 옆에 있는 생선가게와 문구점이 당신의 카페와 외장 디자인이 똑같다면 어떤 일이 일어날까? 소비자가 세 점포를 쉽게 구분할 수 있을까? 브랜드 공간을 차별화한다는 것이 반드시 엄청나게 비싼 돈을 들여서 화려하게 치장한다는 뜻은 아니다. 일단은 '~답게' 만드는 것이 중요하다. 꽃집은 꽃집답게, 신발 가게는 신발 가게답게, 카페는 카페답게 만들어주는 것이 기본이다. 그 점포가 도대체 무엇을 파는 점포인지 외부에서 한 번에 인식하지 못한다면, 고객을 유입시키는 것은 불가능한 일이다. 사람의 얼굴이나 키, 체형들이 사람마다 다르듯 카페도 각각의 개성을 표현해야 한다.

가수나 배우를 지망하는 연예인 지망생들은 하늘의 별만큼이나 많지만, 인기 스타로 성공하는 유명 연예인들은 소수다. 인기 스타들의 공통점을 찾아보면 단순히 예쁜 것만 가지고는 뭔가 부족하다. 결국 자기만의 개성을 가진 사람이 대중들의 사랑을 받게 된다. 카페도 마찬가지다. 공간의 인테리어가 예쁜 것만 가지고는 부족하다. 카페의 개성, 즉 카페의 컨셉이 명확해야 한다. 컨셉이 명확하다면 그 컨셉을 카페에 잘 표현해서 주변 경쟁 카페들과 확연하게 차별화되는 개성 있고, 매력적인 카페를 만들어낼 수 있다. 잘 만들어진 카페 컨셉이란 한눈에 무엇을 파는 카페인지 확실하게 보여주는 구체적으로 표현된 컨셉이다. 컨셉을 구체적으로 잘 표현했다면 그 컨셉이 목표 고객들에게 잘 전달될 수 있도록 제대로 알리는 것이 중요하다. 아무리 훌륭한 컨셉을 설계했다고 하더라도 컨셉을 구체적으로 표현하지 않거나, 브랜드의 정체성을 제대로 목표 고객들에게 알려지지 못하면, 그 컨셉은 처음부터 시장에 존재하지 않았던 것과 마찬가지이기 때문이다.

파리 몽마르뜨 언덕의 노천 카페를 모티브로 디자인한 와인 카페다. 프랑스 노천 카페에서
커피를 마시고, 와인을 즐기는 분위기를 연출하기 위해 카페의 디스플레이도 자연스럽고,
빈티지하게 구성했다(컨셉 개발/공간 기획/공간 설계 : 카나트 컨설팅).

PART
03

컨셉이 없다면
절대로 창업하지 마라 ②
외식 컨셉

01

탁월한 외식 컨셉은
어떻게 만들어지는가?

낯선 장소에서 지인들과 식사를 하기 위해 근처 어느 식당에 들어섰다. 그런데 그곳에서 바로 내가 꿈에도 원하던 바로 그런 멋진 풍경이 펼쳐진다면? 아마 당장 그 식당 주인장이 누군지 궁금해지거나 사진부터 찍고 당신의 SNS에 올릴지도 모른다. 과연 무엇이 당신의 생각을 자극하고, 어떤 행동을 하게 만드는 것일까? 머리로 계산하게 만드는 마케팅은 항상 실패하지만, 마음을 흔드는 감성 컨셉 앞에서 소비자들은 여지없이 무너지고 지갑이 열린다. 가장 똑똑한 컨셉은 한마디로 소비자들의 머리가 아니라 가슴에 파고드는 컨셉이다. 시도 때도 없이, 수시로 변화하는 소비자의 관심이나 원하는 것을 파악한 후, 시의적절한 해결책을 제시하는 컨셉이 영리한 컨셉이다.

93

결국 최고의 컨셉이란 소비자들의 고민과 문제를 해결해주는 솔루션이다. 제3의 공간도 기존에 해소되지 않고 있던 소비자의 문제를 찾아내어 해결책을 제시한 것이다. 제1공간인 집도 아니고, 제2공간인 회사나 학교도 아닌 공간. '시간에 구애 받지 않고 어딘가에서 편안하게 온전히 나만의 시간을 보내고 싶다'는 사람들의 마음을 읽고 그에 적합한 컨셉을 설계해야 한다. 제3공간은 최상의 휴식만을 제공하기 위해서 고급스러운 인테리어 공간, 음악, 서비스 등 그 점포만의 브랜드 가치와 취향을 함께 설계해야 효과적이다.

제3공간에서 가장 중요한 요소는 '편의성'과 '즐거움'이다. 그와 동시에 사업주 입장에서 제3공간은 마케팅을 위한 최상위의 3차원 입체 브랜딩 전략이 되는 것이다. 사람들의 지적, 경제적 수준이 발달하면 할수록 양보다는 삶의 질을 추구하게 되므로 그냥 단순히 음식만 먹는 공간으로는 만족하지 못하고, 자신의 자부심을 만족시킬 수 있는 심미적으로도 아름답고, 맛도 훌륭하며, 공간 분위기, 서비스, 음악, 브랜드 가치 등을 동시에 즐길 수 있는 나만의 제3의 공간을 찾게 된다.

고객들이 계속 찾아오게 만들고 머물게 만드는 방법은 그들의 고민과 문제점을 종합적으로 해결해주는 제3공간 또는 케렌시아(스트레스와 피로를 풀며 안정을 취할 수 있는 공간) 같은 곳이 필요하다는 결론에 도달하게 된다. 불편함을 견디지 못하는 사람들이 세상을 변화시킨다. 불편함을 보고 그저 불편하다고 불평만 할 것이 아니다. 그 불편함을 어떻게 해결해야 하는지를 고민하는 과정에서 낯선 라이프스타일이 툭 튀어나올 수도 있다. 고객의 고민을 해결하는 과정이 컨셉을 설계하는 과정이기 때문에 가능한 일이다.

고객의 고민을 잉태하고 설계한 컨셉은 기존 세상에 없던 독특한 브랜드를 만들어낼 가능성이 높다. 불편함을 해결하는 현실적인 해결책이므로 소비자들의 반응도 즉각 올 것이다. 컨셉은 그렇게 소비자들이 기다려온 고민 해결책으로 만들어지는 것이 가장 이상적이다.

소비자들이 오랜 시간 고민하고 막연히 기다려온 바로 그 상품이 시장에 나온다는 것은 소비자 입장에서도 매우 흥분되는 일이다. 이렇게 탄생한 브랜드는 짧은 기간 동안 빠르게 성장할 것이다. 목표 고객의 불편과 부족, 필요를 먼저 인식하고, 오랜 시간 시장을 조사하고 관찰하며 분석해서 연구한 결과물이기 때문이다. 소비자들의 고민과 문제점들을 효과적이면서 만족스럽게 해결하는 것은 기존 시장의 판을 뒤집을 수 있을 만큼 강력한 브랜드 경쟁력이 된다.

한정식 매장에 들어오면 바로 보이는 카운터의 디자인이다. 전통 한옥의 처마를 모티브로 한 조형물이 공간의 컨셉을 잡아준다. 긴 설명이 필요 없는 강렬한 비쥬얼로 컨셉을 표현했다(컨셉 개발/공간 기획/공간 설계 : 카나트 컨설팅).

02

한마디로 표현되는 컨셉을 설계하라

한마디로 표현되는 컨셉이 표현된다는 것은 그만큼 컨셉이 명확하다는 것이다. 왜 한마디로 표현되는 것이 중요하냐면 컨셉이란 잠재고객의 인식에 자연스럽게 스며드는 무의식적인 전략이기 때문이다. 정보 과잉의 시대에 탁월한 컨셉이 생존하는 유일한 방법은 단순함이다. 지나치다 싶을 만큼 단순화해 송곳으로 찌르는 것처럼 한 점을 집중적으로 파고 들어가야 한다. 그래야 구멍을 뚫을 수 있다. 한마디로 표현된 컨셉이 다른 경쟁자들과 확연하게 차별화되는가? 만약 그렇지 않다면 다른 계획을 모두 제쳐두고서라도 컨셉을 날카롭게 다듬는 것에 집중해야 한다.

그 이유는 한마디로 표현되지 않는, 그리고 차별화되지 않는 당신의 컨셉을 마케팅한다는 것은 시간, 비용 모두 엄청난 투자가 이뤄져야 한다는 의미다. 그러므로 자금력의 한계가 존재하는 소상공인들이 가장 우선적으로 해야 할 것은 대상 고객을 명확히 하고, 한마디로 표현되는 예리한 컨셉을 개발하는 것이다. 왜 이 컨셉이어야만 하는지를 강조하는 것일수록 좋다. 이때 최초라고 하는 사실을 증명할 수 있어야 한다. 한마디로 표현되는 컨셉의 존재가 필요한 이유다. 마치 송곳처럼 날카롭게 사람들의 기억 속을 맨 먼저 뚫고 들어가는 일이 가능하기 때문이다.

고객에게 물어봤을 때 고객이 '그게 바로 내가 이곳을 스스로 찾아올 수밖에 없는 이유다'라고 말한다면, 그 이유가 바로 당신의 컨셉을 한마디로 표현할 수 있는 한마디가 될 수 있다.

한마디 컨셉을 구체화하는 방법으로는 선언문을 만들거나, 슬로건으로 만드는 방법이 있다. 어렵게 생각하지 말고 고객으로부터 듣고 싶은 이야기를 그대로 쓰는 것도 좋은 방법이 된다. 고객을 정의하는 방식으로 한 가지를 강조할 수도 있다. 경영철학이나 미션과 비전, 그리고 핵심가치가 있다면 그것들과 함께 표현하고 알려라. 고객이 퍼뜨리고 다녔으면 하고 바라는 입소문을 의도적으로 퍼트려라. 그리고 그 입소문이 더 멀리 확산될 수 있도록 부채질하라. 다양한 미디어를 활용하는 것이 부채질이다. 우리가 전략이라고 표현하는 모든 일들을 한마디로 표현하면, 선택과 집중이라고 할 수 있다.

한마디로 표현되는 컨셉을 지속적으로 성장시키고 싶다면 여러 가지 이야기를 하지 말고, 하나만 집중적으로 아야기해야 한다. 그래야만 소비자들이 귀를 기울일 것이다. 한 가지 이야기를 세분화된 작은 시장에 맞춰 이야기하라. 목표 고객들이 듣고 싶어 하는 딱 맞는 이야기만 해준다면 누구나 귀 기울이게 될 것이다. 목표 시장의 목표 고객들이 대부분 당신의 컨셉에 관심 갖게 만들려면 컨셉을 송곳처럼 날카롭게 만들어야 한다. 송곳처럼 날카로운 컨셉 한마디가 치열한 경쟁 시장을 뚫을 수 있다.

일본식 사누끼 우동 전문점의 천장 조명이다. 우동이라는 메뉴를 시각적으로 강조하기 위해 직접 제작한 우동 조명이다. 면발처럼 굵은 줄을 우동 면처럼 주렁주렁 매달았다. 매장의 대표 메뉴가 우동인 것을 강조해 우동을 주문하고 싶게 만드는 디자인 마케팅이다(컨셉 개발/공간 기획/공간 설계 : 카나트 컨설팅).

컨셉을
구체적으로 표현하라

상품을 팔기 전에 소비자가 잠재적으로 원하는 것을 찾아내서 낯선 라이프스타일을 제안하라. 낯선 라이프스타일을 제안한다는 것은 가치를 담아서 컨셉으로 만드는 것이다. 누구나 찾을 수 있는 것은 이미 큰 가치가 없는 것이다. 남들 눈에는 보이지 않는 보잘것없던 가치를 찾아내서 대단한 가치로 구체적으로 표현하는 것이 컨셉을 설계하는 것이다.

300평 규모의 한식 뷔페 브랜드를 컨설팅한 적이 있다. 컨설팅 의뢰를 받고 매장을 방문해서 뷔페를 둘러봤다. 뷔페 매장을 들러본 소감은 한식 뷔페는 반찬가게와 크게 다르지 않게 보여진다는 것이었다. 그래가지고는 도무지 가치라고는 찾을 수가 없었다. 가치가 보이지 않으니까 고객들도 외면하는 것이다. 음식 하나하나가 완성도가 있는 양식이나 일식과 달리, 한식은 하나의 작은 완성품이 메뉴가 되는 경우가 많지 않다. 한식은 식사하는 방법 자체가 다양한 반찬을 곁들여 먹는 것이기 때문에 그렇다. 대체로 맛은 나쁘지 않았으나, 음식 앞에 가면 반찬을 다 늘어놓은 것 같은 전형적인 반찬가게였다. 아무리 좋게 보려 해도 제대로 요리 같이 보이지 않고, 식재료를 쌓아둔 것처럼 보여서 가치 있게 표현되지 않는 것이었다. 거부감마저 느껴지는 상황이 연출되고 있었다. 제대로 된 비주얼이 나오지 않으니 한식 뷔페가 아니라 커다란 반찬가게나 마찬가지였다. 한마디로 식사하고 싶지 않은 분위기가 가장 큰 문제였다.

정식으로 컨설팅 계약을 하고 주변 경쟁점들을 조사하고 분석했다. 주변 상권과 입지를 분석하고, 관련 데이터들을 취합했다. 경쟁점들을 선정하고, 경쟁우위 전략을 세웠다. 기초적인 리서치를 끝내고 브랜드가 가야 할 방향을 선정했다. 컨셉의 개발 방향은 가치를 느끼지 못하는 고객들에게 이 공간이 가진 가치를 아주 구체적인 표현으로 고객들 눈앞에서 연출하기로 했다.

그래서 만들어진 한식 뷔페의 컨셉은 '한정식 한 상 차림'으로 설계했다. 즉 매일 아침마다 뷔페에서 갓 조리된 다양한 음식들을 조합해 2인용 한정식 한 상을 차려서 손님들이 들어오는 출입문 앞에 전시를 했다. 손님들이 가게 문을 열고 들어오면 열 발자국 정도 떨어진 정면에 한정식 한 상 차림이 상다리가 휘어지게 차려져 있는 것이다. 예상한 대로 사람들은 가게로 들어오면서 "이게 뭐야?" 하면서 한 상 차림 앞으로 다가왔다. 상 위 현수막에는 이렇게 적어두었다.

'여기 뷔페에 오늘 준비되어 있는 음식들로 차려진 한정식 상입니다. 맛있게 차려서 드세요.'

그 문구를 본 사람들은 깜짝 놀라면서 이렇게 얘기한다. "여기 뷔페에 있는 음식으로 이렇게 먹을 수 있대", "와아, 그래?" 대부분 비슷한 반응들이었다. 한정식 상차림 견본 하나로 고객들에게 가치를 표현하는 데 성공한 것이다.

이후 고객들의 반응은 날이 갈수록 좋아졌다. 손님이 없어 고민 중이던 뷔페는 3개월이 지나자 웨이팅이 걸리기 시작했다. 6개월 뒤에는 매출액이 3배 이상 상승되어 지역에서 최대 매출을 올리는 강자가 되었다. 가치를 발굴해서 컨셉으로 설계하고, 그 컨셉을 구체적으로 표현해서 브랜드의 가치를 충분히 느낄 수 있도록 고객들의 눈앞에서 생생하게 보여준 것이 성공한 것이다.

아무리 좋은 컨셉을 가지고 있어도 구체적으로 표현하지 않고 적극적으로 알리지 않는다면 그 컨셉은 처음부터 없었던 것과 같은 것이다. 그러므로 컨셉은 잘 설계하는 것도 중요하지만, 더 중요한 것은 컨셉을 잘 표현하는 것이다.

그다음 단계는 구체적으로 잘 표현된 컨셉을 목표 고객들에게 잘 알리는 것이다. 목표 고객의 고민이 어떻게 해결되었는지를 구체적으로 친절하게 알려야 한다. 그래야 사람들이 쉽게 이해할 수 있다. 그러므로 표현하고, 알리는 매체를 잘 선택해야 한다. 현수막, 동영상, POP, 인스타그램, 블로그 등 알리기에 효과적인 매체를 잘 선택하는 것이 중요하다. 효과가 좋고 내가 관리하기 편한 마케팅 도구를 선택해서 주변의 목표 고객들에게 입소문을 내는 것이다. 사람들이 충분히 납득할 때까지 중단하지 말고, 지속적으로 일관되게 꾸준하게 표현하는 것이 중요하다. 익숙한 것을 낯설게 만들고 그 낯설음도 익숙하게 만들면 소비자들을 설득할 수 있게 된다. 브랜드는 그렇게 만들어진다.

저비용으로 캐주얼 한정식 공간을 만드는 것이 목표였다. 그래서 재료를 단일 재료로 쓰고 컬러도 통일했다. 그 대신 조도를 낮추고. 테이블에만 집중적으로 조명이 가게 함으로써 캐주얼하지만 가볍지 않은 중후한 분위기를 연출할 수 있었다(컨셉 개발/공간 기획/공간 설계 : 카나트 컨설팅).

04

음식보다
컨셉을 팔아라

갑자기 가을 찬바람이 불기 시작하면서 사람들의 감성도 우수에 가득찬다. 경기도 외곽의 S레스토랑은 고객들의 가을 감성을 자극하는 디스플레이를 하느라 직원들이 분주하다. 가을이라 가을 정취를 느낄 수 있도록 실내에 낙엽이나 가을풍경이 담긴 흑백사진, 여성 고객들을 위한 무릎담요, 분위기를 만들어내는 향초 등의 소품들을 구입해 비치했다. 매장에 들어서면 입구부터 그윽한 커피 향이 고객의 마음속에 잔잔하게 스며들어 심리적인 편안함을 느낄 수 있도록 배려했다. 내부로 들어서면 완연한 가을 분위기다. 비록 조화이긴 해도 매장 안에는 단풍나무가 서 있고, 이름 모를 야생화 화분들이 먼저 감성적으로 손님들을 맞이한다. 시집을 보면서 커피 한잔하거나 브런치를 즐기기에 딱 좋다. 음식 맛도 당연히 중요한 역할을 하고 있지만, 가을 분위기를 제대로 느끼고 싶어 하는 여심들이 삼삼오오 모여든다.

장기적인 불황으로 소비는 점점 위축된다. 합리적이고 실용적인 소비가 중요해진다. 평범한 방식으로 상품을 밀어내기 식으로 판매하려는 장사는 조만간 한계에 봉착하게 된다. 이제 외식사업 경영은 고객들의 심리 상태를 미리 파악해서 마음의 빈 곳을 채워줘야 한다. 마음을 미리 알아주고 배려하는 점포는 고객들이 스스로 찾아오게 만들 수 있다. 물론 그에 따른 약간의 비용이 소요되겠지만, 그만큼 방문고객 수와 판매량이 늘어나기 때문에 레스토랑 입장에서는 확실하게 '남는 장사'가 될 것이다.

고객이 스스로 찾아오게 만드려면 식당은 맛있어 보이기 위해 노력해야 한다. 그중 '씨즐감'을 활용한 마케팅을 활용하는 것이 효과적이다. '씨즐(Sizzle)'이란 스테이크를 철판에 구울 때 나는 소리인 '지글지글'을 서양식으로 '씨즐'이라고 표현한 것으로, 잠재 소비자의 구매욕구를 돋우기 위해 오관(伍官) 및 감각기관을 자극하는 표현기법을 말하며, 이 소리를 듣는 소비자들은 소리에 자극되어 스테이크가 더 먹고 싶어진다. 이처럼 씨즐이란 인간의 관능을 자극해서 매력을 느끼게 하는 것이라고 할 수 있다. 이러한 자극을 가해 잠재적 고객을 확보하려는 마케팅을 '씨즐 마케팅'이라고 한다. 그러므로 레스토랑들은 스테이크를 팔려고 하지 말고, 스테이크를 굽는 맛있는 소리인 '씨즐'을 팔려고 노력해야 한다.

맛있는 음식을 만드는 것도 중요하지만, 더 중요한 것은 맛있어 보이는 음식을 만드는 것이 더 중요하다. 또한 맛있는 레스토랑을 만드는 것도 중요하지만, 더 중요한 것은 맛있어 보이는 레스토랑을 먼저 만드는 것이다. 제아무리 맛있는 음식을 개발해서 준비하고 있다고 하더라도 일단 고객이 매장을 방문해주지 않는다면, 그 맛있는 음식을 맛보게 할 수 있는 기회조차 가질 수 없기 때문이다. 맛있어 보이는 음식은 혀의 감각보다 눈을 통해 전해진 시각정보로 뇌의 상상력을 자극하는 고도의 마케팅 전략이다.

그 예로 대표 메뉴를 연상시키는 소리나 시각적인 요소를 포인트로 사용하는 것이 효과적이다. 실제 사례를 들면 김밥집이나 닭강정집처럼 매장의 윈도우 앞에 조리 공간을 설치해 지나가는 고객의 시선을 유혹한다. 꼬치구이나 장어구이 등 초벌구이 또는 직화구이가 필요한 메뉴들과 중식요리나 이탈리안 요리처럼 화구를 이용하는 요리들은 조리 공간 앞에 투명 유리창을 설치해 연기도 막아주고, 고객들이 요리하는 모습을 마치 퍼포먼스 쇼처럼 생생하게 보여줘 구매 욕구를 촉진시키는 동시에 위생적인 신뢰까지 확보할 수 있다.

이제 외식업도 과거처럼 그저 가게를 오픈만 하면 고객이 알아서 찾아올 거라고 기대해서는 절대 살아남을 수 없다. 무한경쟁시대에 돌입한 외식 산업 생태계에서 살아남기 위해서는 점포의 외부장식, 실내 외 POP 설치, BGM 음악, 대표 상품들이 더 맛있게 보이는 메뉴판 전략 등 맛있어 보이는 컨셉이 강조되는 설계를 해야 한다. 똑같은 음식을 더 맛있게 보이게 하려면 점포의 인테리어와 소품 하나하나도 고객의 식감을 자극하고 증폭시키는 역할을 할 수 있도록 치밀하게 설계해야 한다.

고객을 유혹하는 공간 디자인은 돈 많이 들이고, 예쁘기만 하다고 효과적인 것이 아니다. 일단 고객의 입보다 눈을 먼저 공략해야 한다. 눈이 먼저 음식을 맛보게 만들어라. 컨셉 전문가의 도움을 받아서라도 음식을 더 맛깔스럽게 연출하라. 더 나아가 맛있는 식사를 위한 분위기보다는 메뉴의 컨셉을 살리도록 공간을 효과적으로 브랜딩하라.

고객들을 분석해보기로 하자. 고객들이 정말 제대로 맛을 알 수 있을까? 고객들도 사람이다. 하지만 사람은 누구나 비슷한 심리적인 맹점을 가지고 있다. 만약 코를 막고, 눈을 감고, 양파를 사과라고 하고 먹게 하면 쉽게 구분하지 못한다고 한다. 결국 우리가 생각하는 맛이란 실제 사실보다 기억과 상상력이 맛을 그려내는 경우가 많다. 그러한 심리적 효과를 활용한다면, 눈으로 맛있게 보이는 음식, 맛있는 집처럼 보이게 점포를 디자인해서 고객이 이 집 음식은 분명 맛이 있을 것이라고 판단하게 유혹해 일단 매장 안으로 들어오게 만들어야 한다.

원래 사람의 심리는 누가 무엇을 팔려고 하면 도망간다. 판매점에서도 언택트 서비스가 더 효과적이라고 하는 이유다. 오히려 고객 스스로가 더 궁금해하고 경험해보고 싶은 마음이 들게 만드는 것이 더 효과적이다. 서로 부담스럽게 음식부터 팔려고 애쓰지 마라. 고객들이 스스로 먹음직스러운 컨셉에 끌려서 스스로 지갑을 열게 만들어야 한다. 상품을 파는 것은 장사이고, 컨셉을 파는 것은 비즈니스다. 장사는 가격으로 승부하고, 비즈니스는 가치로 승부한다. 그렇다면 당신은 음식부터 팔려고 하는 장사를 하고 싶은가? 목표 고객이 원하는 컨셉을 파는 비즈니스를 하고 싶은가?

출입구를 들어오면 세로로 긴 공간이다. 깊이가 깊다는 것이다. 그 깊이를 더 강조하면 매장이 커 보인다. 120평 규모 매장의 세로를 더 강조했다. 천장에 세로로 긴 철로 같은 구조물을 설치해 고객의 동선을 유도하는 효과와 함께 긴 공간이 더 길어 보이고, 거대해 보이게 의도적으로 설계했다(컨셉 개발/공간 기획/공간 설계 : 카나트 컨설팅).

05

충격적인 컨셉을
만들어라

　한번 경험하면 주변의 다른 사람들에게도 알리고 싶은 충격적인 대표 상품을 만들어라. 외식 공간은 고객의 시선을 끌 수 있게 만들어야 한다. 고객을 공간 안으로 들어오게 유혹하는 것이 공간의 역할이다. 외식 공간이 있는 거리를 지날 때마다 여기 한번 들어가보고 싶다는 욕구가 생길 수 있도록 사람들의 마음을 설레게 할 수 있는 공간을 만들어야 한다. 동시에 그 공간이 무엇을 팔려고 하는지 구체적으로 표현되어야 한다. 그 공간의 컨셉과 경쟁력을 한눈에 알아볼 수 있도록 만들어라.

　충격적인 컨셉은 즉각적인 반응을 기대할 수 있다. 어디서나 쉽게 볼 수 있는 흔해 빠진 공간을 만들면 소비자들은 관심을 갖지 않는다. 공간의 외장부터 눈에 띄게 만들고, 일단 안으로 들어가면 손님의 오감을 자극하는 유혹적인 컨셉이 준비되어 있어야 한다. 이처럼 자발적인 입소문이 날 정도로 충격적인 컨셉은 경쟁력이 된다. 왜 즉각적인 반응이 나오는 컨셉을 개발해야 할까? 외식 공간의 경우에는 고정비용이 있고, 초기 투자 비용이 있다. 자금적인 여유가 충분한 경우가 아니라면 신속한 투자비 회수는 모든 비즈니스의 핵심 전략이다. 투자비 회수가 얼마나 빠르게 이뤄지느냐가 사업의 성패를 좌우하는 평가 기준이 되는 것이다.

충격적인 컨셉을 설계하려면 그 전에 목표 고객을 좁히고 그 목표 고객을 연구해야 한다. 목표 고객 입장에서 시장을 바라봐야 한다. 고객 입장에서 시장을 바라보면 그동안 경영자의 눈에는 보이지 않던 것들을 보게 될 것이다. 고객을 설득하기 위해서는 고객에게 집중해야 한다. 고객의 이용 동기를 파악하는 것이 가장 중요하다.

이용 동기를 파악하면, 즉각적인 반응이 오는 충격적인 컨셉을 개발하는 것은 훨씬 쉬워진다. 막연한 예측이 아니라 모범 답안을 들고 문제를 풀어가는 것과 같기 때문이다.

충격적인 컨셉이란 반드시 필요하지만, 지금까지 아무도 시도하지 않은 컨셉을 의미한다. 그러면서도 고객의 고민을 해결해 주고 로망을 실현시켜 주는 것이어야 한다. 오해하지 마라. 충격적인 컨셉이라고 해서 절대로 엽기적이거나 혐오스러운 것을 의미하는 것이 아니다. 충격적인 컨셉은 경쟁 상대가 없는 것이다. 따라서 성공하기가 쉽지 않지만, 한번 성공하면 크게 성공하게 된다. 지금까지 아무도 도전하지 않은 틈새 시장을 찾거나, 분명히 시장은 있으나 시장 규모가 작아서 아무도 관심 갖지 않는 컨셉이 충격적인 컨셉이다. 충격적인 컨셉을 찾으려면 과거의 경험이나 기존의 자료에 맹목적으로 의존해서는 안 된다. 스스로 생각하고, 고민하며, 두 발로 시장을 다니면서 직접 발굴해야 한다. 상황적 독점도 즉각 반응을 기대할 수 있는 컨셉이다.

경쟁 상대가 없다는 것은 최상의 조건이 된다. 단, 충분한 수요는 존재해야 한다. 경쟁자가 없으니 가격도 내가 정하면 되고, 판매방식도 내가 정한다. 독점을 말하는 것이다. 하지만 독점은 자본주의 사회에서는 원칙적으로 허용이 되지 않는다. 다만 상황적 독점을 만들어낼 수는 있다. 말하자면 소비자의 새로운 요구를 기존 업체가 채워주지 못하거나, 또는 새로운 요구 상황을 제대로 파악하지 못할 때, 어떤 기업이 나서서 유일하게 그 요구를 채워준다면 자연스럽게 '상황적 독점'이 만들어진다.

의도적이든, 의도적이지 않든 간에 상황적 독점을 만들어내는 기업은 그 독점 상황이 종료할 때까지 목표 시장에서는 경쟁자도 없고, 규제도 없는 절대 강자가 된다. 게다가 합법적이다. 그야말로 더할 나위 없는 최상의 사업 환경이 만들어지는 것이다. 합법적인 상황적 독점은 세분화된 작은 시장을 선택하고, 그것에 집중할 때 발견할 수 있다. 경쟁이 이렇게 치열한 현대 사회에서도 상황적 독점을 만든다는 것이 가능할까? 결론은 가능하다. 상황적 독점은 상품의 재고에서 발생하는 것이 아니라, 시대의 트렌드와 소비자들의 끊임없이 변화하는 욕구에서 발생하기 때문이다. 독점적인 상황을 캐치해내는 눈만 가지고 있다면, 사실 무궁무진한 독점 상황이 존재하는 것이다. 하지만 주변을 둘러보자. 대부분의 성공자들은 자신만의 카테고리를 만들고 그 카테고리를 독점하고 있는 경우가 많다.

　이처럼 일정 기간 동안 목표 시장의 카테고리를 상황적으로 독점할 수 있는 카테고리 독점 전략을 세우기 위해서는 가장 먼저 정확한 조사 분석 작업이 진행되어야 한다. 시장을 정확하게 조사하고, 면밀하게 분석해 소비자들을 연구하고, 경쟁자들의 경쟁력을 파악해야 한다. 그러한 조사와 분석을 통한 정보들을 정리해 상황적 독점 상황을 의도적으로 기획해야 한다. 목표 고객이 가진 문제와 고민을 찾아서 해결하는 것을 컨셉으로 만들어라. 소비자들의 즉각적인 반응을 이끌어내는 충격적인 컨셉이 될 수 있다. 상황적인 독점은 작지만, 확실한 수요를 확보하는 것이 가능하다. 독점이란 컨셉은 가장 충격적이고, 강력하다. 예를 들자면 많다. 발명 특허를 받은 제품도 상황적 독점 기간을 가진다. 상표권도 상황적 독점 기간을 가진다. 책이나 노래 작곡, 디자인 같은 지적 재산권도 상황적 독점권을 갖게 된다.

　즉각 반응이 오는 컨셉을 개발하는 것이 고객에게 특별한 가치를 제안하는 것이 될 수도 있다. 이런 충격적인 컨셉은 스토리텔링까지 접목되면 지금까지 세상에 없던 컨셉이 된다. 우리가 컨셉을 개발해야 하는 이유는 광고하지 않아도, 마케팅하지 않아도 고객들이 자발적으로 찾아오는 상황을 만들기 위함이다. 내가 팔고 싶은 상품만 팔려는 진부한 광고나 마케팅에 관심을 가질 사람은 아무도 없다. 아무리 돈을 많이 투자했더라도 광고나 마케팅은 반복되면 될수록 피로감만 높여줄 뿐이다.

고객들이 자발적으로 찾아올 정도의 강력한 컨셉을 만들기 위해서는 일단 기존의 상식을 파괴하는 것에서 출발한다. 오랫동안 당연하다고 생각해오던 기존의 상식이나 관점이 깨지거나 바뀔 때가 사람들을 설득하기 좋은 타이밍이다. 목표 고객들의 고민을 찾아내고, 그에 대한 해결책을 충격적인 컨셉으로 설계하면 즉각적인 반응을 기대할 수 있다.

독립된 룸으로만 이루어진 일본식 이자카야다. 일본 나고야 지역에서 성업 중인 프렌치 스타일 이자카야라는 컨셉을 가지고 있는 브랜드다. 메뉴는 프렌치 스타일이 접목된 일식이고, 분위기는 전통 일본식 공간이다. 마치 일본 현지의 이자카야에서 술을 마시는 착각을 하게 되는 공간을 설계했다(컨셉 개발/공간 기획/공간 설계 : 카나트 컨설팅).

06

매력적인 컨셉으로
유혹하라

현대의 고객들은 음식 그 자체보다 자신의 취향에 맞는 브랜드를 먹고 즐긴다. 고객들은 브랜드와 자아를 동일시하는 심리를 가지고 있기 때문이다. 풍요로운 시대를 향해 가면서 점포에서 판매하는 음식이나 음료의 품질도 중요하게 생각하지만, 그 음식을 즐기는 공간 분위기의 품질도 중요하게 생각하는 시대가 되었다. 외식 공간에서 단순히 음식만 구매하는 것이 아니라, 그 모든 것을 포함하는 브랜드와 트렌디한 감성을 패키지로 소비하는 시대다. 특히 공간은 소비자들에게 많은 영향력을 발휘한다. 일부 소비자들은 멋진 감동의 체험을 줄 수 있는 외식 공간을 적극적으로 찾아다니기도 한다. 이 모든 것이 한마디로 '컨셉'이다.

매력적인 컨셉 설계로 고객을 스스로 찾아오게 만들어라. 외식 공간은 더 이상 허기를 때우기 위해 존재하는 시설이 아니다. 새로운 경험이 가능한 소통의 장으로 진화하고 있다. 브랜드를 경험하게 하라. 고객이 더 쉽게 다가올 수 있게 된다. 고객에게 감동을 가져다줄 수 있는 외식 공간이 되려면 창업을 기획하는 초기 단계에서부터 많은 고민을 해야 한다. 장기적인 불황과 SNS 발달로 사람과 사람의 관계가 10년 전, 20년 전과는 많이 달라졌다. 이런 각박한 현실은 외식 공간이 사람들의 마음과 마음을 연결시켜주는 커뮤니케이션 공간으로 진화해가야만 하는 이유가 된다.

외식 공간의 경우 음식을 많이 파는 마케팅에만 집중하면 매출은 올라갈지 모르지만, '공간을 즐기는 맛'을 잃어버리면 안 된다. '공간을 즐기는 맛'이 바로 '컨셉'이다. 외식 공간은 더 이상 음식만 파는 사업이 아니다. 이제 라이프스타일을 파는 사업이 되어야 한다. 개성 있는 라이프스타일을 브랜드 컨셉으로 설계해야 한다. 외식 공간에서 제공하는 공간과 음식을 통해서 고객들이 소통할 수 있는 최적화된 환경을 만들어내야 한다. 외식 공간을 창업한다는 것은 단순히 음료나 음식만을 파는 사업이 아니라, 새로운 라이프스타일을 고객에게 제안하는 것이다. 낯선 라이프스타일은 고객의 내면에 숨겨져 있는 욕망을 찾아내는 것에서 출발한다. 잠재된 욕망을 찾아내서 낯선 라이프스타일 컨셉으로 만들어 제안해야 한다. 비즈니스에 대한 관점을 바

119

꾼다는 것은 기존의 기업 중심 관점에서 고객, 즉 소비자 중심의 관점으로 비즈니스 컨셉을 기획해야 한다는 것이다. 결론적으로 현 시대의 비즈니스는 과거와 같이 단순히 판매만을 하는 것이 아니고, 고객의 필요와 욕구를 미리 찾아내는 것이다. 상품과 서비스를 판매하려 하지 말고, 고객과 소비자가 스스로 구매하도록 만들어야 한다. 스스로 구매를 하도록 고객과 소비자를 설득하기 위해서 '컨셉'이 필요한 것이다. 컨셉을 과학적으로 설계하면 소비자가 자신이 스스로 필요해서 찾아오는 점포가 될 수 있다. 그러기 위해서 필요한 것이 '맛있어 보이는 컨셉'을 설계하는 것이다.

맛있어 보이는 매력적인 컨셉이 고객을 끌어들인다. 목표 고객의 생각을 읽고, 마음을 흔들 수 있어야 한다. 그러려면 이 세상에 오직 하나밖에 없는 온리 원 컨셉이어야 한다. 유일한 존재만큼 매력적인 존재는 없기 때문이다. 그다음 단계는 브랜드의 경영철학, 전략적 비전, 문화적 이미지를 하나의 맥락으로 통합해야 한다. 구슬이 서 말이라도 꿰어야 보배가 되듯 소중한 가치들을 다 꿰어서 구체적으로 표현해야 한다. 그동안 브랜드라고 하면 대부분의 사람들이 네이밍이나 서체, 로고 디자인만 생각해왔다. 하지만 고객들에게 매력적인 호감을 보여줄 수 있는 직접적인 요인은 브랜드의 철학과 가치의 비중이 훨씬 더 크다. 매력적인 브랜드 컨셉을 개발하려면 브랜드의 철학과 가치를 통해 고객과 소통해야 한다. 고객과 상호 간에 커뮤니케이션이 원활해야 한다. 익숙하지만 낯선 브랜드가 지속적으로 고객들에게 사랑받고, 그 브랜드 가치를 제대로 인정 받을 수 있으면 브랜드가 지속적으로 성장하는 것이 가능할 것이다.

100평이 넘는 대형 규모의 한식당이다. 천장고가 5m가 넘는 홀의 무게 중심을 잡기 위해
거대한 한옥 서까래 같은 구조물을 천장에 설치했다. 전체적인 조도가 낮게 설정되어 있고,
노출 천장DP 검정색 도장을 한 후라 천장 면이 잘 보이지 않아서 서까래 모티브의 구조물이
한옥의 이미지를 효과적으로 연출해주고 있다(컨셉 개발/공간 기획/공간 설계 : 카나트 컨설팅).

07

거절할 수 없는
제안을 하라

컨셉으로 설계된 브랜드 공간은 웬만해서는 무너지지 않는다. 이 세상에 하나밖에 없는 컨셉을 가지고 있다는 것은 강력한 경쟁력이 된다. 창업은 한 번 치고 빠지는 '단기전'이 아니다. 창업은 '장기전'으로 계획을 세워야 성공할 수 있다. 현재 창업 시장은 공급이 수요를 초과했다. 이미 포화 상태의 시장 상황에서 창업 전략은 어떻게 세워야 하는 것일까? 예전에는 반짝하는 창업 아이템을 빨리 시작하면 재미를 볼 수 있었다. 하지만 지금은 그렇게 치고 빠지기식 창업이 먹히는 시대가 아니다. 생각해보라. 얼마나 많은 '반짝'아이템들이 시장에 나왔다가 사라졌는가? 최근 사례만 봐도 그렇다. 그 많던 대만식 카스테라 점포들, 저가의 주스 전문점들, 스몰 비어 가게들이 지금은 거의 눈

123

에 띄지 않는다.

소셜미디어 네트워크의 발달로 인해 고객들은 스마트해졌다. 결코 어리숙하지 않다. 제대로 하는 것이 가장 빠른 지름길이다. 돌아가는 길이 가장 바른 길이란 속담도 있듯이 프로세스대로 원칙을 가지고 제대로 진행하는 것이 가장 효율적이다. 컨셉 설계란 고객이 나를 찾아와야 하는 특별한 이용 동기를 찾아내고, 내가 무엇을 파는지 정의하고, 누구에게 파는지를 파악하며, 어떻게 알릴 것인지를 결정하는 것이다. 컨셉 설계는 거절할 수 없는 특별한 이유와 상황을 조성하는 것이다. 컨셉 설계는 점포의 빅픽처다. 지금까지 대부분의 식당들이 오직 음식 메뉴에만 의존해서 창업해왔다면 이제는 컨셉이다. 컨셉을 잘 설계하면 경쟁력 있는 브랜드를 만들어가는 데 탄탄한 기본이 된다.

확실히 치열한 외식 시장에서 경쟁력을 갖기 위해서는 경쟁자들과는 차별화되어야 한다. 컨셉 설계란 용어는 이제 많은 사람들이 그 의미를 이해하고 필요성도 인식하고 있다. 분야는 달라도 컨셉 설계가 중요한 핵심이라고 생각하고, 활용되고 있는 것 같다. 경쟁 시장에서 차별화는 곧 시장 경쟁체제의 핵심이자 경쟁력이다. 컨셉 설계를 진행하는 과정에서 창업자는 자신의 사업 목적이 어디에 있는지를 확실하게 파악할 수 있게 된다. 더욱 중요한 것은 컨셉을 정해서 그것을 구체화하는 방법론을 자기 스스로 만들어가는 것이다. 매년 새로운 식당들이 창업하지만, 매년 그만큼 폐업을 한다. 이를 보면 새로운 식당이 창업해 시장에서 성공해 소비자에게 지속적으로 호응 받기가 정말 어려운 일임을 알 수가 있다. 하나의 식당이 소비자에게 선택되지 못한다면. 그것은 이미 사업으로서의 가치를 잃어버린 것이라고 할 수 있다.

소비자가 상품과 서비스를 외면하는 현상은 처음부터 제대로 된 사업 목적이나 컨셉도 없이 '일단 시작하면 어떻게든 되겠지' 하는 어설픈 창업 마인드로 시작을 했거나, 출발부터 잘못된 사업 목적과 컨셉을 가지고 사업을 시작했기 때문인 경우가 대부분이다. 사업 목적이란 경영자가 창업을 하려는 이유다. 기업을 경영하는 데 있어 마음가짐과 행동의 지침이 되는 기본적인 의식이다. 사업 목적은 컨셉을 만들기 전 단계에서 큰 목표의 설정이라고도 할 수 있다. 망망대해를 항해하는 작은 나룻배도 항구를 출발하기 전에는 어디를 향해 가야 하는지를 알고 출발해야 할 것이다. 그렇지 않다면 망망대해를 떠도는 난파선 신세를 면치 못할 것이다.

창업 계획을 세우면서 명확한 사업 목적도 없이, 경쟁력 있는 컨셉도 없이, 무조건 일단 열심히 해보자는 식의 태도는 위험하다. 일본에서 외식 사업으로 크게 성공한 재일동포 경영자에게 "외식 사업에 성공하려면 무엇이 가장 중요하다고 생각하는가?"를 물었다. 그는 "외식 사업은 창업 시에 컨셉 설계를 제대로 하는 것이 중요하다. 컨셉 설계만 제대로 진행하고 나면 나머지 일들은 일사천리로 교통정리가 된다. 컨셉을 제대로 잘 만드는 것이 가장 중요한 일이다"라며 컨셉의 중요성을 강조했다. 제대로 만든 강력한 컨셉은 사업을 성장시키는 핵심 동력이 된다. 목표 고객이 진짜 필요로 하는 것을 찾아내서 그들이 가진 고민과 문제를 해결해주는 확실한 해결책이 되는 컨셉은 목표 고객들이 절대 거절할 수 없는 강력한 제안이 된다.

대형 면적의 외식 공간 천장이 단조로우면 매력적이지 않다. 다양한 마감재와 높낮이로 구성하면 공간에 강약이 생긴다. 조화로움 속에 파격이 효과적이고, 일관된 통일성 가운데에서 작은 변화는 신선한 자극이 된다(컨셉 개발/공간 기획/공간 설계 : 카나트 컨설팅).

08

모방할 수 없는 컨셉을
설계하라

요즘 같이 새로운 정보가 넘치는 세상에서 아무나 쉽게 따라 오지 못하는 컨셉 설계가 가능할까? 가능하다. 하지만 쉽지는 않다. 일단 누군가가 따라 할 수 있다는 것은 피상적인 것이다. 즉 겉모습을 따라 하기는 쉽다. 하지만 컨셉 안에 깊숙이 숨겨 진 경영 전략까지 따라 할 수는 없다. 결론적으로 남들이 쉽게 따라 하지 못하는 컨셉을 개발하기 위해서는 제대로 시장을 조 사하고 분석해 정량적인 데이터를 추출해 그 데이터를 기반으 로 전략을 세워야 한다. 그 전략을 기반으로 컨셉을 개발한다 면 웬만해서는 쉽게 따라오지 못하는 강력한 컨셉을 만들 수가 있게 된다.

컨셉을 제대로 만들기 위해서는 정밀한 기획이 필요하다. 컨셉을 만드는 데 필요한 각종 재료와 요소를 모아 기획을 해야한다. 기획이 어느 정도 완성되면 핵심적인 컨셉을 도출해내야한다. 핵심 컨셉은 소비자들의 마음을 움직이는 열쇠 같은 것이다. 또한 소비자의 심리를 파고들어갈 만큼 예리해야 한다. 결국 소비자를 유혹하는 것은 상품이 아니라 강력한 컨셉이기 때문이다. 컨셉에 경영 전략이 담겨 있다고 하더라도 실행에 문제가 생기는 경우도 있다. 남들이 따라 하지 못하는 것은 성공했는데, 본인도 활용하지 못하는 컨셉을 만들었다면 그 컨셉은 잘못 만들어진 컨셉이다. 컨셉을 너무 추상적으로 막연하게 만들었거나 초점이 흐린 경우가 다반사다.

성공한 브랜드들의 잘 만들어진 컨셉이란 명쾌하고 심플한 경우가 많다. 치열한 경쟁에서 가시적인 성과를 내려면 '명확한 한가지 컨셉'이 효과적이다. 명확한 한 가지 컨셉만을 집중적으로 알려라. 복잡하게 너무 많은 것을 전달하려고 하면 할수록 컨셉은 약해진다. 단순한 한 가지가 오히려 더 강력하다. 방향이 확실하고, 진정성이 담겨 있는 컨셉은 보기에는 쉬워 보여도 아무나 따라 할 수 없다. 시각적으로 보이는 차별화되고 충격적인 컨셉을 만드는 것이 중요하지만, 겉모습만 번지르르하고 핵심 포인트가 없는 컨셉은 경쟁력이 없다. 핵심 포인트는 조사와 분석을 통한 데이터 분석과 경영 전략, 기술력, 진정성 등이다. 컨셉을 제대로 설계하려면 본질에 집중해야 한다. 본질에 강한 컨셉설계는 쉽게 모방할 수 없다.

단체 손님은 매출 향상에 도움이 된다. 하지만 그렇다고 단체석만 있고, 개별석이 없으면 영업에 지장이 있다. 그래서 융통성 있는 공간의 기획이 필요하다. 평상시에는 오픈된 상태로 개별석으로 활용하고, 예약이 있을 때는 독립된 단체 모임 공간으로 전환 가능한 융통성 있는 디자인이 매출을 올려준다(컨셉 개발/공간 기획/공간 설계 : 카나트 컨설팅).

09

맛있게 먹을 수 있는
컨셉을 개발하라

외식 사업에서 맛은 당연히 중요하다. 하지만 여기에는 2가지 문제가 존재한다. 이는 신규 창업자의 관점에서 바라본 문제임을 밝힌다. 첫 번째 문제는 맛있는 음식을 만들기 위해서는 오랜 기간 공부하고 숙련된 실력 있는 셰프를 고용하거나 경영자 본인이 뛰어난 셰프여야 한다. 이 점은 대부분의 예비 창업자에게는 단시간에 넘볼 수 없는 영역이다.

두 번째 문제는 경영자가 셰프이거나, 바리스타이고, 믿을 만한 실력자라서 자타가 공인한 맛있는 음식과 커피를 만들 수 있다고 가정하자. 고객들은 맛있게 음식을 먹거나 커피를 마실 것이다. 하지만 그 맛이 입소문이 나기까지 시간이 얼마나 소요될 것인지가 문제다. 현실적으로 운 좋게 한두 달 만에 이뤄질 수도 있지만, 그런 경우는 드물 것이고, 오랜 기간이 지나고 나서야 제대로 인정받게 될 수도 있다. 즉 맛이 있다고 해도 언제 고객들의 반응이 터질지 도저히 알 수가 없다는 것이다. 게다가 맛이란 주관적인 것이라서 누군가는 최고의 맛이라고 칭찬을 아끼지 않을 수도 있지만, 그 반대의 경우도 있을 수 있기 때문이다. 와서 맛을 보지 않으면 평가를 받을 수도 없으니 오랜 인고의 세월을 보내다가 지쳐버릴 수도 있다.

이상의 2가지 문제를 스스로 해결하지 못한다면 소비자들의 즉각적인 반응과 관심을 유발할 수 있는 강력한 '컨셉'을 설계해야 한다. 일본에서 필자가 직접 경험한 서서 먹는 컨셉의 스테이크의 체험 사례를 이야기해보겠다. 우리나라에도 서서 갈비가 있다. 본래는 신촌의 한 식당에서 시작했는데 그 식당이 유명세를 타게 되자 이를 모방한 서서 갈비 점포들이 전국 각지에 우후죽순처럼 생겨났다. 하지만 원조인 본점은 항상 잘되는데, 다른 유사 점포들도 잘되는지는 궁금하다. 아무튼 일본에도 서서 갈비 같은 컨셉의 스테이크 전문 프랜차이즈가 호황이라고 해서 직접 방문을 해 체험해봤다.

오사카에 있는 지점 점포를 방문했는데, 외관을 보면 그냥 캐주얼한 고깃집 분위기다. 외관은 다소 실망했다. 왜냐면 원래 스테이크 하면 좀 분위기 좋은 공간에서 감미로운 음악을 틀어놓고 우아하게 한 점, 한 점 칼질하는 것을 상상했기 때문이다. 그런데 패스트푸드 레스토랑 같은 캐주얼한 분위기에 스테이크를 서서 먹으라고 한다. 이런 미스 매칭을 소비자들은 혼란스러워 하지는 않을까? 내부로 들어가니 테이블은 입식 테이블이었고, 손님들은 서서 스테이크를 맛있게 즐기고 있었다. 점심시간이라서 그런지 혼자 온 손님들이 많았다. 벽면에 메뉴판을 붙여두고 테이블에도 작은 메뉴판이 있었다.

주방은 오픈 주방이었다. 주방이 직접 내 눈에 다 보이니까 신뢰하고 안심할 수 있는 것은 장점이었다. 그런데 스테이크를 서서 먹게 만든 이유가 궁금했다. 얼마 지나지 않아 서서 먹는 스테이크 컨셉을 만든 이유를 파악했다. 결국 예상대로 가성비를 높이기 위한 전략적인 컨셉 설계였다. 컨셉 설계가 아주 단순하면서도 구체적으로 명확했다. 시중 스테이크 전문점들 가격의 반값에 스테이크를 제공할 테니 선 채로 빨리 먹고 나가 달라는 아주 노골적인 컨셉이다. 당연히 합리적이지만 얄미울 정도로 치밀하게 계산적이다. 그러나 저렴한 가격에 즐길 수 있는 스테이크라는 컨셉은 고기를 좋아하는 직장인들과 대학생들에게는 분명 절대 거절할 수 없는 강력한 제안이 될 것이다.

메뉴를 직접 주문해봤다. 메뉴판에는 4~5가지 부위별 스테이크 메뉴와 약간의 사이드 메뉴, 음료 메뉴가 있었다. 고기는 원하는 양대로 선택해 주문할 수 있었다. 100g당 가격으로 책정되어 있어서 내가 원하는 양만큼 스테이크를 즐기는 것이 가능했다. 지갑은 얇은데 스테이크는 마음껏 먹고 싶고, 서서 먹어도 좋은 젊은 친구들에게는 이런 컨셉이 딱 맞다. 아무튼 고기 부

133

위를 선택하고, 몇 가지 사이드 옵션을 선택하고, 고기의 그램을 결정해 주문을 했다. 주문과 동시에 주방의 조리사는 정육점 같이 생긴 카운터 뒤에 있는 냉장고에서 바로 꺼낸 고기를 카운터 위에 놓인 저울에 올려 고기 중량을 눈으로 확인시켜준다. 손님이 중량을 확인하고 오케이 사인을 하면, 그는 즉시 보이는 그릴에서 바로 스테이크를 굽기 시작한다.

의도적으로 손님이 몰리지 않는 이른 시간을 선택해서 탐사 목적을 가지고 방문했기에 전 과정을 느긋하게 식사도 하면서 꼼꼼하게 지켜볼 수 있었다. 이런 컨셉은 다소 가벼워 보이긴 하지만 확실하게 믿음이 간다. 특히 눈앞에서 저울로 달아서 확인해주니 신뢰가 팍팍 생기는 느낌이다. 아주 간단한데, 매우 확실한 효과가 있다. 이게 바로 컨셉을 구체적으로 표현하는 데 정말 효과적인 방법이다. 식사를 하면서 직업적인 소명 의식이 발동해 시간을 체크해보니 30분 안에 대부분 식사가 끝난다. 그러니 이 컨셉이 가능하다. 저렴하게 팔지만 고객들의 체류시간이 짧으니 회전이 가능한 것이다. 단가는 낮추되 테이블 회전수를 높여서 매출을 만들어내는 것이었다.

어차피 분위기는 기대하지 않고, 오로지 스테이크를 저렴하게 먹기 위한 목적으로 방문한 고객들이 대부분인지라, 서서 스테이크를 맛있게 저렴하게 즐기고 난 후 더 이상 점포에 서 있을 이유가 없다. 게다가 출입문 앞에는 사람들이 자리가 나기만을 대기하고 있는 상황이라, 더 자리에 머물고 있는 것은 눈치가 보여서 어려웠다. 이 또한 의도한 것은 아닐까 하는 의심이 진하게 들었다. 그래도 이런 컨셉이라면 스테이크 가격이 저렴한 대신 서서 빨리 먹고 나가는 것에 대해서 사람들은 기꺼이 합의할 것으로 본다. 결론적으로 '반값에 스테이크를 먹을 수 있도록 하겠다. 대신 서서 빨리 먹고 30분 안에 나가라'는 컨셉은 성공적이라고 평가한다.

서서 먹는 것에도 불구하고 만족도는 매우 높았다. 스테이크 메뉴를 좋아하는 사람이라면 재방문 의사가 충분할 것이다. 소비자의 고민과 욕구를 한 방에 해결하고, 적정선에서 서로 타협해 상생하는 거래의 합의를 이끌어낸 성공적인 컨셉 설계다. 이런 컨셉은 웬만한 내공으로는 따라 하기 쉽지 않다. 초보 창업자는 음식 맛으로만 승부하려 하지 마라. 맛있는 음식을 만들어야 하는 것은 당연한 일이지만, 고객에게 맛을 보여주기 위해서는 고객이 일단 점포에 들어오게 만들어야 한다. 일단 들어오게 만들려면 더 신경 써야 할 부분이 맛있어 보이는 컨셉을 개발하는 것과 맛있게 먹는 컨셉을 개발하는 것이다.

맛있어 보이는 컨셉과 맛있게 먹는 컨셉을 개발했으면 그 컨셉들을 구체적으로 표현하고 널리 알려라. 일단 고객이 점포 안에 들어와야 음식 맛을 보게 할 수 있다는 프로세스를 항상 기억해야 한다.

'떡으로 싸먹는 삼겹살'이라는 먹는 방식을 개발한 독특한 컨셉의 고기 식당이다. 떡이 아무래도 전통 음식이기에 매장의 분위기도 전통적인 디자인을 모티브로 했다. 컬러도 전통 가구들의 옻칠 컬러를 적용해 비용 대비 효과적으로 디자인된 공간이다(컨셉 개발/공간 기획/공간 설계 : 카나트 컨설팅).

컨셉으로 유혹하고
공간으로 브랜딩하라

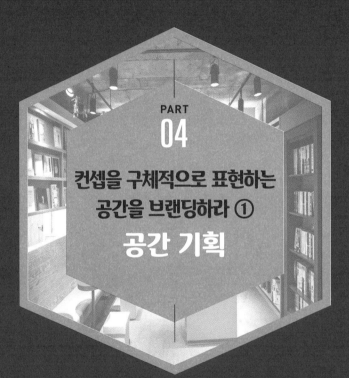

PART
04

컨셉을 구체적으로 표현하는
공간을 브랜딩하라 ①
공간 기획

카페, 외식 창업
황금법칙

01

공간 기획이란
무엇인가?

공간 기획은 전문성과 크리에이티브를 연결하는 업무다. 따라서 공간 기획의 업무는 정확해야 하면서도 창조적이어야 한다. 공간 기획의 정의는 공간 프로젝트를 진행하기 전에 건축주가 컨셉을 구상하고 설계의 조건 및 공사 예산을 수립하는 것을 지원하는 기획 업무다. 개인 주택을 건축한다고 해도 100평 건축에 평당 500만 원이 든다면 5억 원 프로젝트인 것이다. 5억 원이란 금액은 대기업이 아닌 일반 서민들 입장에서 정확한 사업 기획이 필요한 금액이다. 그 이상 금액은 더 말할 필요 없다. 단순히 설계사무실의 개인 시공자를 소개받아서 설계, 시공, 인허가까지 다 맡겨버리고 "잘 좀 지어 주세요" 하고 진행할 차원의 문제가 아니다. 어떤 목적으로, 어떤 건물을 만들 것인지를 기획하는 것이 필수다. 컨셉, 예산, 설계, 공기를 사업적인 관점에서 계획을 세우고 컨설팅하는 것이다.

사회가 발전하면 할수록 사람들의 공간에 대한 요구사항도 많아지고 복잡해진다. 이러한 사회의 변화에 따라 공간 기획의 중요성과 필요성은 계속 증가하고 있다. 이에 따라 공간 기획자와 설계자에게는 폭넓은 지식과 정보력이 요구되고 있는 상황이다. 건축주들의 경우에도 공간 기획에 대한 기대와 필요성을 절감하고 있다. 공간 기획자는 설계자도 아니고, 시공자도 아니다. 건축주를 대리해 전문지식을 활용해 삼자 간의 소통을 주도하고, 정확하게 합리적으로 교통 정리하면서 공간 프로젝트 진행을 지원하는 역할을 한다.

공간 기획자는 건축주에게 전체적인 프로젝트 진행을 자문하고, 설계와 시공단계에서 건축주가 꼭 알아야 할 전문지식을 충분히 이해 가능하게 설명해준다. 그래서 건축주는 모르고 일을 진행하는 것이 아니라, 단계별로 상황을 이해하고, 납득하면서 진행하게 되므로 몰라서 생기는 문제 발생을 최소화한다. 시공자나 설계자와 소통을 함에 있어서 업계의 전문 용어는 건축주 입장에서 보면 외국어와 같을 수도 있으므로, 공간 프로젝트와 관련된 전문용어를 이해하기 쉽게 통역을 해준다. 특히 설계의 경우, 법적인 사항들과 디자인 미학적 사항들이 하루아침에 이해할 수 있는 단순한 사항들은 아니므로, 시간을 가지고 충분히 납득 가능하게 설명해주는 것이 필요하다.

컨셉으로 유혹하고 **공간으로 브랜딩하라!**

공간 기획자는 사회, 경제, 환경에 대해 기본적인 지식이 있어야 하고, 이런 지식을 소통에 적극 활용해야 한다. 가급적 데이터를 활용한 환경 분석과 예측으로 건축주가 의사결정이 가능하도록 지원해야 한다. 프로젝트 진행 일정을 수립하고, 모든 업무를 일정 계획을 중심으로 진행해야 한다. 일정은 건축주와 설계자, 시공자 및 관련자들과 공유하고, 변동사항이 생기면 실시간으로 수정하면 일정을 기준으로 커뮤니케이션을 진행해 나가는 것이 필요하다.

공간 기획자는 공간 프로젝트 진행을 위해 설계 이전의 단계를 기획하고, 그 기획을 기준으로 프로젝트가 종료될 때까지 일관성 있게 건축주를 자문하고, 프로젝트를 컨설팅한다. 또한 설계의 조건, 시공의 조건 등을 결정한다. 결국 전반적인 비즈니스 컨설팅을 동반하게 되는 경우가 많을 것이다. 공간 프로젝트 전반을 기획하고, 컨셉을 개발하고 알리는 방법을 연구해야 한다. 경우에 따라서는 입지 선정 단계, 복합 상가 부동산의 MD기획, 용도, 사업 타당성 분석, 자금 계획, 유통, 분양, 운영과 마케팅까지 관여하게 되는 경우도 많다.

공간 기획은 백인백색의 취향을 가진 공간 사용자들의 니즈(Needs)와 원츠(Wants)를 충족시키고 그들이 미처 생각하지 못한 익숙하지만, 낯선 라이프스타일을 제안하는 것이다.

점포 전체가 입구부터 세로로 긴 구조였다. 고객들에게 더 임팩트 있게 노출되기 위해 긴 쪽을 더 길어 보이게 강조했다. 천장에 철도처럼 긴 구조물을 설치해 실제보다 더 규모가 커 보인다. 서비스 동선이 다소 길어지는 것이 단점이지만, 그 이상의 브랜드 이미지 구축이 가능했다(컨셉 개발/공간 기획/공간 설계 : 카나트 컨설팅).

02

공간 기획이
필요한 시대

왜 공간을 설계한다고 이야기하지 않고, 공간을 기획한다고 표현하는 것일까? 설계는 주어진 목적에 의해 조형적으로 구체화하는 것이고, 기획은 한 대상의 목적을 변화시켜 새로운 목적을 만들어내는 것이다. 결국 기획이 설계보다 상위의 개념이다. 인터넷과 모바일 기술이 급속도로 발전하면서 사람들의 생활에도 많은 변화가 생겼다. 빠르게 변화하는 과정 속에서 사람들의 라이프스타일도 함께 변화하게 되었다.

스마트해진 소비자들의 니즈와 원츠는 훨씬 복잡해지고 다양해졌다. 이러한 변화는 공간이 변화해야만 하는 필연성을 제공하게 되었다. 공간의 기능도 복잡해졌고, 소비자들의 라이프스타일도 다양해졌다. 업종들은 서로 연결되고, 융합하게 되었다.

예전에 쇼핑몰은 쇼핑몰의 목적과 기능 한 가지만 제대로 수행하는 공간이면 충분했다. 지금은 복합문화 상업시설이라고 표현해야 할 만큼 여러 가지 기능과 목적이 복합적으로 조화를 이뤄야 하는 시대가 되었다. 복합 상업시설 안에는 쇼핑몰은 물론이고, 서점, 영화관, 맛집, 미술관이 공존하고 있다. 각각의 업종들 간에 서로가 서로에게 시너지 효과를 내어 소비자들이 찾아오게 만들고, 오랜 시간 체류하게 만들어 궁극적으로 전체적인 매출의 상승을 도모하는 전략이 대세가 되었다. 이러한 트렌드는 단지 대형 복합문화 상업시설에만 해당되는 이야기가 아니다.

많은 업종들이 생존하기 위해서, 또는 성공하기 위해서 다양한 목적과 기능들을 한 공간에서 융합하기 시작했다. 이러한 콜라보 공간의 형태는 더욱 복잡해지고, 끝없이 다양해질 것이 분명하다. 이러한 사회적인 흐름이 공간을 다양한 모습으로 변화하게 만들고 있다. 이제 한 가지 목적과 기능을 가지고 공간을 설계하는 것으로 복합적인 공간을 융통성 있게 실체화하는 것이 현실적으로 어려워졌다.

10년 전에는 한 분야에 정통한 전문가가 각광을 받았지만, 지금은 전문지식이 기본적으로 오픈되고, 공유가 되는 것이 일반화되다 보니 전문지식의 수준도 전반적으로 상향평준화가 되었다. 이런 상황이다 보니 한 분야에서 전문가의 역할은 많이 축소되었다. 이는 공간 설계 전문가도 예외가 아니다. 지금 시대에 필요한 전문가는 공간 설계 하나만 아는 전문가보다는 공간 설계는 물론, 그 공간에 도움이 되는 음식점과 카페에 대한 지식도 잘 알고, 서점에 대해서도 잘 알고 있어야 한다. 공간이 만들어지는 과정의 전반을 통합적으로 조율하고 큐레이팅할 수 있는 전문가가 필요해졌다.

좋은 공간을 만들기 위해서는 공간을 예쁘게 설계하는 것만 알고, 나머지는 잘 모르는 단순 기술자의 역할만으로는 새로운 목적 및 기능과 사회적인 요구사항들을 필요로 하는 공간을 만들기에 역부족이다. 공간의 설계는 물론이고, 공간이 만들어지고 운영되어지는 프로세스의 전반적인 상황을 이해하고, 그 공간을 사용하게 될 사람들에 대해 관심을 가지고 연구할 수 있어야 하며, 공간의 목적을 만들고 필요한 기능들을 만들거나 연결하고 조합하는 것에 대한 폭넓은 통찰력을 가진 공간 기획자가 필요한 시대다.

공간 기획자는 공간을 설계하는 사람이라기보다 공간을 재해석하는 사람이다. 공간의 존재 가치를 만들어내고, 가치를 구체적으로 표현하기 위한 컨셉을 만들어가는 전문가다. 특정 공간을 하나의 브랜드로 설정해 새로운 목적과 기능을 부여하고, 그 공간을 사용할 사람들이 필요로 하는 콘텐츠를 심는 일을 하게 된다. 사람들에게 유용한 콘텐츠를 개발하기 위해 다양한 분야와의 연결과 조합의 어울림을 고민하고, 연구하는 일을 한다. 공간을 디자인부터 시작하는 시대는 지나갔다. 이제 업종이나 유

147

형이 중심이 아니라, 실제 사용하게 되는 사용자들의 익숙한 라이프스타일을 연구하고, 익숙하지만 낯선 라이프스타일을 제안하는 일을 공간 기획자가 해야 한다.

오프라인 창업에 있어서 공간은 하드웨어를 구축하는 일이다. 하드웨어 구축이 잘못되면, 아무리 좋은 소프트웨어가 있다고 하더라도 효과는 반감되기 마련이다. 또한 마음에 안 든다고 해서 금방 하드웨어를 갈아치우기도 쉽지 않다. 최근 들어서 공간은 창업 시장에서 점포 경쟁력을 높이고, 매출 극대화에도 아주 중요한 부분을 차지하는 차별화 전략으로 고객에게 인식되고 있다. 음식점을 예를 들어 보면 혹자는 음식점은 맛만 좋으면 되지 않느냐고 반문하는 사람들이 있다. 음식점이 맛있어야 하는 것은 기본이다. 맛은 기본이고, 진정성이 담겨 있어야 한다. 하지만 그 브랜드의 컨셉을 잘 표현하고, 잘 알리기 위해 공간을 활용하는 것도 중요하다. 음식점에 있어서 컨셉이 있는 공간 기획은 고객이 찾아올 수 있는 특별한 이유를 제공하기도 한다.

온라인과 디지털 경제가 대세인 4차 산업혁명 시대를 사는 사람들은 공허한 무엇인가를 채우기 위해 각자의 취향에 맞는 공간으로 삼삼오오 모여든다. 이처럼 다양한 사람들의 취향과 라이프스타일에 부합하는 공간을 연구하고 기획하는 일이 점점 더 중요해지는 시대가 되었다.

한식이라는 식당의 전체성을 표현하고자 전통 가구의 디자인 요소와 컬러, 재질을 강조했다. 저비용으로 고효율의 설계가 완성되었다. 이는 저렴한 재료로 고급스러운 분위기를 연출하고자 하는 공간 기획자의 의도대로 이루어진 결과다(컨셉 개발/공간 기획/공간 설계 : 카나트 컨설팅).

03

공간 기획자를
선정하는 방법

공간 기획자를 선정하는 방법에 대해서 이야기하겠다. 공간 기획자의 생각과 역량이 프로젝트의 성공에 가장 큰 영향력을 미친다. 그러므로 공간 기획자를 선정하는 일은 프로젝트 진행 단계 중 가장 중요한 단계다. 프로젝트 진행 중에 큰 사고를 치거나 일에 임하는 태도에 문제가 있는 게 아니라면, 공간 기획자가 조사와 분석 단계에서부터 공간의 기획과 설계까지 일괄적으로 진행하는 것이 가장 좋다.

공간 기획은 리서치와 기획, 설계를 포함하는 업무다. 공간의 기획단계에서 고객층 설정 및 컨셉 개발과 브랜딩이 먼저 이뤄지게 되므로, 하위 단계인 설계도 공간 기획자에게 일괄 위임하는 것이 가장 브랜드 컨셉을 잘 구현할 가능성이 높다. 그러므로 프로젝트 초기에 공간 기획자를 잘 선택하는 것이 중요하다. 공간 기획을 시작한 공간 기획자가 공간 프로젝트 완성 단계까지 함께 가는 것이 가장 좋은 성과를 기대할 수 있다.

공간 기획을 많이 진행해본 공간 기획자를 찾아서 선정하는 것이 필요하다. 최고의 공간 기획자를 찾는 것보다는 해당 프로젝트와 잘 맞는 공간 기획자를 만나는 것이 더 중요하다. 프로젝트에 적합한 공간 기획자인지 검증하는 가장 좋은 방법은 대화를 많이 해보는 것이다. 하지만 질문을 잘 선택해야 한다. 계약도 하지 않고 프로젝트에 대한 구체적인 질문을 하는 것은 공간 기획자들이 좋아하는 주제가 아니다.

공간 기획자에게 프로젝트에 대한 궁금증을 물어보면 일반적인 사항은 이야기하지만, 구체적인 사항에 대해서는 "지금 단계에서는 뭐라 단정 지어 말하기는 어렵다"는 답변을 한다. 이런 경우 사람들은 오해를 한다. '계약도 안 하고 질문하니까 답변도 성의 있게 안 해준다'고 생각하는 분들이 많다. 이것은 오해소지가 많은 부분이다. 공간 기획 업무의 가장 첫 단계는 리서치다. 즉, 조사와 분석이다. 상권 분석, 입지 분석, 법규 분석 등 기초적인 환경조사와 분석은 물론, 타깃 고객 및 경쟁사 조사와 분석 등이 구체적인 공간 기획을 구상하기 전에 먼저 이뤄져야 한다. 프로젝트 계약 후 진행되는 조사와 분석 작업은 공간 기획 단계 중 가장 시간과 인력이 많이 소요되는 일이다.

제대로 된 공간 기획자라면 최소한의 리서치도 하지 않은 상황에서 질문에 대해 단정 지어 말할 수 있는 근거를 가지고 있지 못하므로 답변하기가 어려운 것이다. '말 한마디 하는 게 어렵냐? 전문가니까 감은 있을 것 아니냐?'고 반문할 수도 있다. 검증되지 않은 말 한마디가 공간에 큰 영향력을 미치게 될까 봐 두려워서 함부로 말을 못하는 것이다. 공간 기획자는 점쟁이가 아니기 때문이다. 기획자는 정확한 팩트만 이야기해야 한다. 무책임하게 던진 말이 나중에 큰 문제가 되는 경우가 비일비재하기 때문이다. 아무리 공간 기획자라도 세상의 모든 일을 알고 있을 수 없다. 프로젝트가 계약이 되고, 본격적인 조사와 분석을 시작해야 해당 프로젝트에 대한 다양한 정보와 지식이 수집되는 것이다.

공간 기획자는 기본적으로 알고 있는 지식을 이야기하는 것은 어렵지 않지만, '여기 뭐하면 좋을까요?'라든가 '평당 얼마나 들까요?', '이런이런 음식을 하면 어떨까요?' 같이 리서치를 해보지 않으면 알 수 없는 질문에는 대답할 수 없는 것이다. 공간 기획자는 점쟁이가 아니기 때문에 모든 것을 예측해서 답변할 수는 없다. 공간 기획에 대한 모든 것을 다 알고 예측할 수 있는 능력의 소유자가 아니다. 그 해답을 찾기 위해서 프로젝트를 진행하는 프로세스를 잘 아는 전문가인 것이다.

반대로 중요한 사안들에 대해서 시원시원하게 자신의 생각을 단정적으로 말하는 공간 기획자를 만나는 것은 매우 위험한 일이라고 생각된다. 아무리 경험이 많고 뛰어난 기획자나 설계자라고 할지라도 기획단계를 거치지 않고, 설계나 공사에 대해서 이야기하는 것은 상당히 경솔한 일이 될 수도 있기 때문이다. 디자이너를 만날 때 가장 위험한 사람 중 하나는 사용자나 환경에 대한 조사 분석 이전에 이미 자신만의 그림을 그리고 있는 디자이너다. 그는 기능적으로 우수한 디자이너이거나 미학적으로 탁월한 감각을 소유한 예술 작가일지는 몰라도 실사용자들의 만족과 공감을 끌어낼 수 있는 좋은 공간을 기획할 수 있는 사람이 아닌 것만은 확실하다.

자신이 만들고 싶은 공간에 대한 생각이 앞서게 되면 무슨 문제가 생기게 될까? 가장 심각한 문제는 조사와 분석 과정도 자신의 생각을 검증하기 위한 근거 자료를 수집하는 의례적인 절차 정도로 변질된다. 기획과정에서도 사용자 중심이나 지역 중심이 아니라, 이미 만들어진 정답을 가지고 거꾸로 끼워 맞추기를 하는 방식으로 일을 진행하게 되기 때문이다. 이런 공간 기획 프로젝트는 결국 사용자들이 만족하는 성과를 만들어내기가 어려워진다. 애초에 상권 입지 등 기본적인 환경 분석도 부실하고, 사용자와 지역의 고민을 해결하겠다는 의지보다는 본인의 예술 세계를 펼치고자 하는 개인적인 욕심이 앞서고 있기 때문이다. 그렇게 접근해서는 절대 좋은 공간이 만들어지지 않는다. 큰돈을 투자해서 멋진 조각품 하나 설치하는 것이라 생각하면 된다.

공간 기획자의 생각과 역량을 파악하는 데 적합한 대화의 주제는 다음의 3가지면 충분하다. 첫 번째는 현재 이슈가 되고 있는 공간들에 대한 공간 기획자로서의 생각을 물어본다. 두 번째는 공간 기획 프로젝트를 성공적으로 진행하는 방법에 대해서 물어본다. 마지막으로 이 프로젝트에 대한 공간 기획자로서의 첫인상에 대해서 물어본다. 프로젝트에 대한 구체적인 예측에 대한 질문은 하지 말라고 하고는 예비 공간 기획자에게 프로젝트에 대한 첫인상을 물어보라고 하니 혼란이 있을 수도 있다. 이 프로젝트에 대한 공간 기획자로서의 첫인상을 물어보라는 것은 비전문가인 나와 전문가인 공간 기획자의 관점이 같은지, 다른지를 들어보라는 것이다. 다르다면 뭐가 다른지를 들어보는 것이다. 둘 중 하나일 것이다. '생각이 이렇게 달라서는 함께 일하기 어렵겠다'는 결론이 나든가, '역시 공간 기획자는 생각이 우리와 다르네? 내가 전혀 생각하지 못했던 관점으로 보는구나. 함께 일해보고 싶다'로 결론이 날것이다. 두 번째 결론이 나올 때까지 계속 여러 공간 기획자들을 만나서 대화해봐야 한다. '인사가 만사'란 이야기는 공간 기획자를 선정함에 있어서도 진리다. 공간 기획 프로젝트를 성공적으로 이끌기 위한 가장 중요한 첫 단계는 '나와 프로젝트에 적합한 공간 기획자'를 찾아내서 파트너로 선정하는 것이다. 파트너를 잘 만나면 50%는 된 거다. 시작이 반이다. 그만큼 중요하다.

오래된 이탈리아 뒷골목 빈티지 카페라는 컨셉을 구체적으로 표현하기 위해 천장에 목재 루바를 설치하고, 노출 콘크리트 기둥에 빈티지 에이징 도장을 했다. 조명은 직접 조명보다는 간접 조명을 주로 사용해 은은하면서 고급스러운 분위기를 연출했다(컨셉 개발/공간 기획/공간 설계 : 카나트 컨설팅).

04

컨셉이 명확해야
공간 기획도 명확해진다

컨셉이 명확해야 한다. 컨셉이 명확해야 공간 기획도 명확해진다. 컨셉을 명확하게 설계하기 위해서는 기초적인 조사, 분석을 기반으로 스토리텔링을 만드는 것이 효과적이다. 컨셉을 스토리텔링으로 만들어서 소비자들의 관심사와 연결시키면 소비자들은 관심을 갖는다. 그냥 일상적인 평범한 이야기도 스토리로 만들어지면 감동이 된다. 소비자들의 감성을 자극하는 컨셉 스토리텔링이 공감대를 형성해준다. 과거와 같이 모든 것이 부족했던 시절에는 제품이나 서비스 그 자체가 뛰어나면 소비자들의 관심을 끌 수 있었다. 그래서 기업은 광고나 마케팅 컨셉도 품질과 가격의 차별화에 중점을 두었다. 하지만, 최근에는 품질 면에서는 제품과 서비스가 상향평준화가 되어 거의 차이가 없는 상황이다.

단순히 품질과 가격만으로는 소비자들의 관심을 끌 수 없는 상황이 된 것이다. 게다가 대부분의 소비자들은 스마트해졌다. 이제는 일방적인 광고는 효과가 없다. 오로지 소비자들의 감성에 호소해 공감대를 만들어가는 방법이 가장 효과적이다. 명심하라. 이제 팔아야 할 것은 상품이나 서비스가 아니라, 차별화된 컨셉과 독특한 콘텐츠다. 컨셉과 콘텐츠를 융합시키는 작업이 공간 기획이다. 컨셉을 표현하는 공간을 기획하는 것이 중요해진 시대다. 갈수록 치열해지기만 하는 경쟁 상황에서 도대체 무엇을 어떻게 해야 사람들이 찾아오는 공간을 기획할 수 있을까? 과연 무엇으로 고객의 마음을 사로잡을 수 있을까? 최근 고객들이 자발적으로 모여들게 만드는 방법들 중 '공간 기획' 전략이 화두가 되고 있다. 공간 기획이란 그야말로 문자 그대로 공간의 가치를 전략적으로 높이는 것이다.

요즈음 핫한 공간들을 살펴보면 색다른 경험 요소가 반드시 존재한다. 도심 속 커피 공장을 컨셉으로 공간을 기획한 500여 평 규모의 한 대형 카페는 매장 한가운데에 커다란 커피 로스팅 공장을 설치했다. 소비자가 원하는 커피를 즉석에서 볶아 제공한다. 소비자들은 커피의 맛뿐만 아니라, 신선한 브랜드 경험에 더 열광한다. 또한 커피를 배우고 싶어 하는 소비자들에게 교육의 경험을 제공하는 커피 아카데미도 설치했다. 지하 2층에서는 고객들이 커피에 대한 교육을 듣거나, 다양한 커피 추출 방식을 체험할 수 있는 커피 아카데미를 할 수 있는 공간이 마련되어 있었다. 이를 통해 고객들이 공간에 스며들게 만든다. 스며들게 만든다는 것은 본인의 의지와 상관없이 자연스럽게 공간의 기획에 참여하게 되는 것을 의미한다.

이처럼 일반인들은 쉽게 접할 수 없었던 특수용도 시설들이 체험형 소비문화의 중심이 되면서 큰 인기를 끌고 있다. 방앗간, 커피 공장, 수제맥주 양조장, 치즈 공방, 화덕피자, 방직 공장, 연탄 공장, 목욕탕 등이 기능과 역할이 변화되면서 색다른 재미와 볼거리, 낯선 브랜드 경험을 제공하고 있다. 일본의 사례를 보더라도 '경험형 또는 참여형 상업 공간'들이 좋은 반응을 이끌어내고 있다. 고객이 직접 제품을 만드는 과정을 눈으로 확인하고, 제조에 참여하게 만들면 브랜드에 대한 신뢰도도 상승하고, 홍보 효과도 있다.

정육점의 경우에는 신선육 손질부터 육제품 가공까지 한눈에 볼 수 있는 공간을 만들어 소비자들을 끌어들인다. 컨셉 경험 설계를 중심으로 공간이 기획된 식품 브랜드들은 제대로 먹는 방법과 활용하는 방법까지 알려주는 교육도 이뤄진다.

도심형 방앗간을 표방하는 한 브랜드는 도심에서 저온 압착 방식으로 갓 짜낸 프리미엄 참기름을 맛보고, 느끼며, 체험하고, 구매할 수 있는 공간을 기획해 세상에 내놓았다. 이곳에서는 원재료 투입부터 압착, 추출, 필터링까지 이어지는 참기름 제조 공정을 직접 확인하면서 경험하거나 구매할 수 있게 했다. 공장의 형태로 원재료의 시작부터 제품이 되기까지의 풀 스토리를 숨김 없이 공개한다는 것은 결코 쉬운 일이 아니다. 하지만 그걸 굳이 봐야 안심하는 사람들이 많아졌다. 다 보여주니 그게 화제가 되고, 신뢰의 장치가 된다.

　모든 과정을 공개하는 컨셉이 진정성이 보인다고 생각하는 사람들이 상당히 많다. 레스토랑이나 카페의 주방도 오픈 주방이 인기고, 원재료를 좋은 것을 쓰는 것을 투명하게 공개하고, 바른 방법으로 조리하는 모습을 숨김없이 다 보여주는 오픈 컨셉에 소비자들은 호의적인 반응을 보이고 있다. 이처럼 명확한 컨셉을 보여주고, 구체적으로 공간에 표현하는 것이 매우 효과적인 공간을 기획하는 방법이다.

오피스가 많은 번화가에 위치한 고기 식당이다. 직장인들의 모임과 회식이 많은 특성을 고려해 회의실 같은 공간을 컨셉으로 했다. 벽면에 화이트보드와 스크린을 설치하고, 천장에는 빔프로젝트를 설치했다. 식사는 물론 다목적으로 활용 가능한 공간 기획이 큰 인기다(컨셉 개발/공간 기획/공간 설계 : 카나트 컨설팅).

05

컨셉이 없는 공간은
존재 가치가 없다

최근에는 사람들이 공간에 많은 관심을 갖게 되었다. 사람들이 공간에 관심을 갖게 되었다는 것은 전반적으로 풍요로운 시대가 되었다는 의미다. 의, 식, 주 중에 주에 해당하는 공간이 가장 큰 비용이 들기 때문이다. 사회 각 분야에서 공간의 중요성이 재인식되기 시작하면서 '공간 기획자'라는 전문가가 주목받기 시작했다. 그런데 공간을 '디자인한다'라고 이야기하지 않고, 왜 공간을 '기획한다'고 표현하는 것일까?

영어로 표현하면 Design과 Planning이다. 뭐가 달라진 것일까? 디자인은 이미 결정되어 주어지는 목적을 조형적으로 구체화하는 것이고, 기획은 목적을 변화시키거나 새로운 목적을 만들어내는 것부터 시작해서 디자인으로 표현하는 것까지 관여

한다. 기획이 디자인보다 더 광역적이고, 프로세스상 상위의 개념이다.

일단 '공간 기획'이라는 업무가 필요해진 시대적 배경부터 간단하게 살펴보기로 하자. 인터넷과 모바일 기술이 급속도로 발전하면서 사람들의 생활에도 많은 변화가 생겼다. 빠르게 변화하는 과정 속에서 사람들의 라이프스타일도 빠른 속도로 변화하게 되었다. 10년 전보다 훨씬 스마트해진 소비자들의 니즈와 원츠는 훨씬 복잡해지고, 다양해졌다. 이러한 라이프스타일의 변화는 공간을 변화시켜야만 하는 필연성을 제공하게 되었다.

소비자들의 라이프스타일이 다양해지면서 공간의 기능도, 형태도 다양해졌다. 업종들 간의 경계가 모호해지기 시작했다. 업종들은 치열한 경쟁 상황에서 생존하기 위해서 서로 연결되고, 융합하게 되었다. 예전에 쇼핑몰은 쇼핑몰의 목적과 기능 한 가지만 제대로 수행하는 공간이면 충분했다. 지금은 복합문화 상업시설이라고 표현해야 할 만큼 여러 가지 기능과 목적을 수행하기 위해 다양한 업종과 업태들이 필요하게 됨으로써 예전보다는 훨씬 기능적으로나 미학적으로도 복합적인 기획이 필요해진 것이다.

최근 기획되어지는 대부분의 복합 상업시설 안에는 쇼핑몰은 물론이고, 서점, 영화관, 맛집, 미술관이 공존하고 있다. 각각의 업종들 간에 시너지 효과를 내어 소비자들이 찾아오게 만들고, 오랜 시간 체류하게 만드는 공간을 기획한다. 그 밖에도 많은 업종들이 생존하기 위해서, 또는 성공하기 위해서 다양한 목적과 기능들이 한 공간에서 유기적으로 상호작용하기 시작했다. 공간의 형태는 앞으로도 더욱 복잡해지고 끝없이 다양해질 것이다. 따라서 이제 한 가지 목적과 기능을 가지고 공간을 멋있게 디자인하는 것만으로는 부족함이 많게 된 것이다.

공간의 목적을 만들고, 운영에 필요한 기능들을 만들거나 연결하고 조합하는 것에 대한 폭넓은 통찰력을 가진 공간 기획자가 필요한 시대다. 공간 기획자는 공간을 설계하는 사람이라기보다 공간을 재해석하는 사람이다. 공간의 존재 가치를 만들어내고, 가치를 구체적으로 표현하기 위한 컨셉을 개발하는 사람이다.

특정 공간을 하나의 인격체로 설정해 정체성을 부여하고, 그 공간을 사용할 사람들이 필요로 하는 콘텐츠를 심는 일을 하게 된다. 사람들에게 유용한 콘텐츠를 개발하기 위해 다양한 분야와의 연결과 조합의 어울림을 고민하고, 연구하는 일을 한다. 공간을 디자인만 하는 것으로 부족한 시대가 되었다. 특히 복합 상업시설 공간의 경우에는 프로젝트의 초기 기획부터 공간 기획자가 반드시 참여해야 한다. 고객의 마음을 흔드는 컨셉이 없는 공간은 더 이상 존재할 가치가 없는 공간이다.

흑경, 메탈 커튼, 녹슨 각파이프를 주요 자재로 활용했다. 에스닉한 빈티지를 컨셉으로 만들어진 오리엔탈 푸드 카페, 레스토랑 컨셉이다. 조명도 직접 조명보다는 간접 조명에 더 포인트를 두었다. 에스닉한 느낌을 캐주얼하게 해석한 공간 기획이다(컨셉 개발/공간 기획/공간 설계 : 카나트 컨설팅).

06

새로운 라이프스타일 공간을 기획하라

서울의 한 창고가 도시 재생형 공간 기획으로 복합문화공간이 되었다. 타깃 고객은 밀레니얼 세대이고, 컨셉은 밀레니얼 세대의 라이프스타일 공간이다. 공간 기획자는 타깃 고객을 연구해 새로운 공간을 기획해냈다. 공간이 복합적이고, 융합적이면서도 친문화적이다. 평소에는 카페였던 공간이 행사가 있을 때는 무대로 전환된다. 온라인이 대세로 자리를 굳히기 시작했다. 오프라인 공간은 자신만의 강점을 가져야만 생존이 가능하다.

오프라인 공간도 콘텐츠가 중심이 되어야 한다. 콘텐츠를 중심으로 브랜드 공간의 스토리텔링과 문화적인 소프트웨어가 절실하다. 오프라인 유통 공간은 단순히 브랜드 상품이나 서비스만 팔겠다고 생각하지 말고, 브랜드 경험을 제공하는 라이프스타일을 제안하는 장소여야 한다. 온라인 경제와 오프라인 경제가 혼재되는 상황이 지속되면서 기존의 업종들 간의 경계도 모호해지기 시작했다. 유통의 패러다임이 상품 판매에서 브랜드 체험으로 바뀌게 되면서 이 업종들 간의 연결과 조합의 현상은 더 가속화되고 있다. 서점 안에 카페가 있고, 카페 안에 세탁소가 있으며, 식당에서 생활용품을 팔기도 하고, 라이프스타일형 생활용품 매장에서 책과 가전제품을 팔기도 한다. 이 정도면 업종 간의 경계는 이미 존재하지 않는다고 간주해도 무방하다. 업종 간의 협력에 대한 제한이 없어진 상태다.

대기업들의 공간 전략도 눈에 띄게 변화를 거듭하고 있다. 신규 사옥들이 맛집 거리처럼 셀렉트 다이닝 공간이 되기도 하고, 초대형 카페를 사옥 1층과 2층을 통합해 입점시키기도 한다. 사옥 로비에서 정기적인 공연을 진행하는 곳도 있다. 외국 브랜드 카페들 중에서도 고객 친화형 공간을 기획한 브랜드는 승승장구하고 있지만, 공간에도 컨셉도 없고, 기획하지도 않은 공간들은 초기에는 멋진 디자인으로 사람들의 관심을 받다가도 더 이상의 매력을 제안하지 못하면, 빠른 속도로 사람들의 기억에서 사라지고 마는 경우가 비일비재하다.

해외에서는 승승장구하다가 한국 시장에서 처참하게 패배하고 서둘러 빠져나가는 글로벌 브랜드들도 수두룩하다. 아무리 유명한 글로벌 브랜드일지라도 예외는 없다. 국내 커피 소비자의 '라이프스타일'을 공간 기획에 제대로 반영하지 않은 결과다. 특히 청결하고, 예쁜 화장실과 빵빵 잘 터지는 와이파이, 좌석마다 설치된 전기 콘센트는 생각보다 고객들이 카페 브랜드를 결정하는 데 영향을 주는 비중을 크게 두는 편의 시설들이다.

국내 소비자들은 커피 맛도 중요하지만, 어떤 공간에서 커피를 마시는지도 중요하게 생각한다. 주택이나 사무실이 아닌 브랜드 공간에서 대표 상품과 예쁜 디자인만 강조하는 것은 구매에 큰 영향을 주지 않는다. 성공하기 위한 브랜드는 고객 중심으로 고객의 관점에서 세심하고, 과학적으로 공간을 기획할 필요가 있다.

요즘 20대, 30대들은 나만의 라이프스타일과 취향의 다양성이 중요해지고 내가 좋아하는 공간에 대한 호불호가 확실하다. 특히 카페의 경우 콘센트의 개수가 매출을 올려준다는 조사 결과도 있다. 특히 북카페를 컨셉으로 하거나, 일하고 공부하는 고객들을 타깃으로 하는 카페 공간의 경우, 핸드폰 충전기 설치와 콘센트 설치와 그 개수는 재방문 여부에 결정적인 의사 결정 요인으로 강력하게 작용한다. 국내 카페에서 전기 콘센트 존재의 중요성은 커피의 맛과 비슷하거나 그 이상일 것이다. 카페도 연결하고, 공유하며, 소통하는 공간이 중요해진 결과이고, 이러한 라이프스타일형 공간은 앞으로 더 중요해질 것이다. 모든 컨셉과 공간 기획의 중심은 사용자다. 사용자가 찾아오고 싶은 공간, 오래 머물고 싶은 공간을 만들려면 새로운 라이프스타일을 제안하는 공간을 기획해야 한다.

영화를 테마로 한 생맥주 전문점이다. 영화제가 열릴 때 바닥에 레드카펫을 상징적으로 사용하는 것에 착안해 바닥에는 레드카펫을 깔았고, 천장에는 레드컬러를 사용한 구조물을 카페와 동일한 장소와 규격으로 조성했다. 점포에 입장하면서 레드카펫을 밟는 것으로 영화 테마 주점이라는 컨셉을 구체적으로 표현한 것이다(컨셉 개발/공간 기획/공간 설계 : 키나트 컨설팅).

07

탁월한 컨셉이
탁월한 공간을 기획한다

컨셉의 설계가 명확하게 그려지면 그 컨셉을 중심으로 공간 기획이 구체화되기 시작한다. 탁월한 공간은 탁월한 컨셉으로 만들어진다. 컨셉도 없이, 공간 기획도 없이 무턱대고 공간을 디자인부터 하고, 공사부터 서두르는 것은 반드시 큰 손해를 보게 될 것이다. 가장 큰 손해는 빈번한 계획 변경과 연속되는 시행착오에서 대부분 나온다.

항구를 떠나는 배가 목적지도 정하지 않은 채 일단 망망대해로 나가는 것과 같다. 탁월한 공간은 컨셉을 정확하게 이해한 후 컨셉을 부각시켜주는 역할을 해야 한다. 결국 한마디로 표현하자면 '~다워야 한다'는 말이다. 파스타집은 파스타집다워야 하고, 국밥집은 국밥집다워야 한다. 그럴 때 아이템에 적합한 공간을 기획하는 것이 가능하다. 공간은 갈수록 점포형 사업의 성패에 막대한 영향을 미친다. 특히 카페나 주점, 유통 사업에 있어서는 가히 절대적이라 할 만하다. 결국 비즈니스에 도움이 되는 탁월한 공간은 탁월한 컨셉을 기반으로 기획되어야 한다.

탁월한 공간에 투자하는 브랜드들이 부쩍 많아졌다. 공간이 점점 더 중요해지고 있음을 깨닫기 시작했기 때문이다. 개인들 뿐만 아니라 기업들도 브랜드의 인지도를 높이기 위해 공간을 활용하는 방법에 대한 관심이 높아진 것이다. 불과 10여 년 전만 하더라도 고객이 물건을 사기 위해서 오프라인 공간을 방문하는 것은 일상적인 일이었다. 하지만 이제 물건을 구입하기 위해 오프라인 공간을 방문하는 고객의 수는 10여 년 전에 비해서 급격하게 감소했고, 그 숫자는 더 감소하게 될 가능성이 높다. 오프라인 공간의 위기다. 그렇다면 오프라인 공간들이 회생할 수 있는 방법은 무엇이 있을까? 역발상이 필요한 시점이다. 온라인 커머스에 비해 오프라인 공간들이 가진 유일한 장점은 오프라인에 공간이 있다는 것이다. 결국 오프라인 공간들의 유일한 장점인 공간을 제대로 활용해야 한다는 것이다. 그러기 위해서는 탁월한 공간 컨셉이 필요하다. 강력한 컨셉을 중심으로 공간들이 기획되어야 한다.

오프라인 공간을 하나의 플랫폼으로 만들어야 한다. 우리가 여행을 갈 때 기차 플랫폼에 가서 기차를 탑승하는 것처럼 고객들이 어딘가로 구매를 하러 떠나기 전에 일단 모여드는 플랫폼

컨셉으로 유혹하고 공간으로 브랜딩하라!

같은 역할을 하는 공간을 기획해야 한다는 것이다. 일단 공간을 플랫폼 역할을 할 수 있도록 기획한다면, 고객들이 이 플랫폼에 일단은 스스로 찾아오게 만들 수 있지 않을까? 아무리 플랫폼이라고 공간을 부르기로 했다고 하더라도, 고객들 입장에서는 매력적인 동기를 제안하지 않는다면 굳이 찾아올 이유가 없다.

이제 오프라인 점포들은 상품을 구매하는 장소로서의 매력을 잃어버린 지 오래다. 소비자들이 머물고 싶은 공간을 만들려면 다양하고, 흥미로운 콘텐츠를 지속적으로 제공해야 한다. 소통이 원활하고, 컨셉이 탁월해야 뛰어난 공간을 기획할 수 있다.

모던한 이자카야다. 150평 규모의 초대형 이자카야다. 싸구려 선술집은 아니고, 식사도 하고 반주도 하는데, 주점의 색이 좀 더 강한 정도다. 목표 고객이 한국으로 파견된 외국인 직장인들과 고소득 전문직들이다(컨셉 개발/공간 기획/공간 설계 : 카나트 컨설팅).

08

머물고 싶은 공간을
기획하라

치열한 커피업계에서 독보적으로 매장 수를 늘리고, 매출에서도 좋은 성적을 거두고 있는 한 커피 브랜드는 고객들이 계속 방문해야만 하는 다양하고 특별한 이유들을 만들어내고 있다. 그 특별한 이유들을 살펴보면 회원이면, 음료를 구매할 때 무료로 시럽 추가나 사이즈 업그레이드가 가능하고, 생일에는 무료 쿠폰도 선물해주며, 포인트가 쌓이면 더 많은 혜택을 준다. 어느 매장이나 무료 와이파이도 잘되고, 콘센트도 곳곳에 설치되어 있다. 대부분 점포가 인테리어 분위기가 좋고, 공간도 충분히 넓어서 오래 앉아 있어도 크게 눈치가 보이지 않으며, 직원들도 눈치를 주지 않는다.

공간을 기획한다는 것은 공간에 특별한 가치를 담아내는 것

173

이다. 현대의 공간은 단순히 소비자들이 기능적으로 머물다 가는 시설의 개념을 넘어서 컨셉과 기획이 더 중요해졌다. 그러므로 공간 기획은 단순히 소비자들이 보기 좋은 장소로 디자인을 바꾸는 작업이 아니라, 공간의 진정성을 보여주고, 고객의 감성에 맞게 라이프스타일 공간을 제안해야 한다. 최근에는 개인의 취향이 다양하게 전개되면서 공간의 기획도 다양함을 반영해야 한다. 다양한 활동과 체험이 기반이 된 융합된 공간의 필요성이 대두되고 있다.

오프라인 유통 브랜드들의 생존 전략이 고객의 시간을 훔치는 것이라고 한다. 즉 자사의 브랜드 공간에 오래 머물게 하는 것이 목표라는 것이다. 한 조사에 의하면 고객이 브랜드 공간에 오래 머물수록 전반적인 매출이 상승하게 된다는 결과가 나왔기 때문이다. 그래서 최근 오프라인에 기반을 둔 유통 브랜드들의 공간 전략이 바로 오래 체류하게 만드는 체류형 공간을 기획하는 것이다.

대형 유통 시설 한가운데 대형 도서관을 설치해서 고객들의 시간을 훔치는 데 성공한 사례들이 많다. 일본의 한 서점 브랜드는 책 대신 라이프스타일을 파는 전략으로 고객들의 시간을 훔치는 데 성공했다. 고객의 물건을 훔치면 감옥에 가게 되지만, 고객의 시간을 훔치면 시장의 리더가 될 수 있다. 한번 시간을 도둑 맞아본 고객들은 더 자주 브랜드 공간에 방문하게 되고, 더 오래 머물게 된다. 고객의 시간을 훔쳤는데 고객이 언제 시간을 도둑맞았는지 느끼지 못하게 만들 수 있다면, 고객의 시간을 훔치는 데 성공한 것이다.

유통 브랜드가 시간을 훔치고, 고객이 시간을 도둑맞는 일은 상생의 전략이다. 브랜드는 고객을 오래 붙잡아두는 데 성공하는 것이고, 고객은 즐거운 경험을 많이 하게 되어서 좋은 것이다. 고객의 시간을 훔치는 공간을 기획하는 것을 즐거운 도둑질이라 할 수 있지 않을까?

브랜드 체험 공간은 고객에게 이제까지 경험하지 못한 브랜드 가치를 전달해 장기적인 고객관계를 구축하는 것이 목적이다. 고객이 편안한 분위기에서 브랜드를 체험하는 것이 가능하도록 공간을 기획해야 한다. 고객이 이제 상품을 구매하기보다는 상품에 담긴 스토리텔링이나 경험을 구매하기를 원하고 있다.

그런 공간을 기획하기 위해서 체험하고자 하는 브랜드의 철학은 물론, 상품과 서비스 전략에 대한 이해도 필요하고, 마케팅 방향도 이해해야 한다. 그래서 단순히 공간을 설계하고, 디자인하는 것만으로는 현대 브랜드 공간을 기획하는 것은 역부족이라는 것이 팩트다. 브랜드 공간이나 부동산 디벨로퍼들의 주상복합상가 공간들의 공간 기획은 단순한 디자인이나 설계라기보다는 창업 컨설팅에 더 가깝다. 디자인이나 설계는 중요하지만, 그것만으로는 절대 해결할 수 없다. 그 이전에 시장을 조사하고, 분석하며, 경쟁우위 전략을 세우고, 마케팅 전략을 세우며, 컨셉을 개발하는 등의 업무가 훨씬 더 중요하기 때문이다. 결론적으로 현대의 공간은 크든, 작든 간에 단순히 설계나 디자인만으로는 계속 스마트하게 진화하는 고객의 니즈와 원츠를 만족시키지 못한다. 백인백색의 다양한 고객들의 취향과 라이프스타일을 반영해 고객이 오래 머물고 싶은 공간을 기획해야 한다.

긴 창에 폴딩 도어를 설치했다. 날씨가 좋을 때는 벽면 전체가 개방되어 마치 야외에 소풍 나온 기분으로 식사를 할 수 있어서 좋다. 마치 노천 카페에서 식사하는 분위기를 연출한다면 효과적이다. 식당이 위치한 곳이 번화가가 아니고, 단독 건물에 외부 공간에 여유가 많을 때 적용 가능하다(컨셉 개발/공간 기획/공간 설계 : 카나트 컨설팅).

컨셉으로 유혹하고
공간으로 브랜딩하라

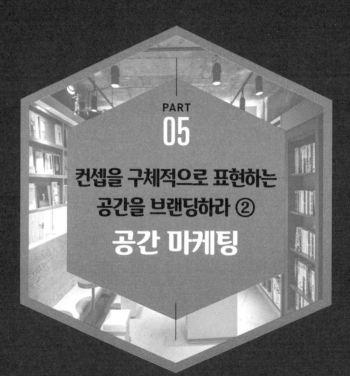

PART
05

컨셉을 구체적으로 표현하는
공간을 브랜딩하라 ②
공간 마케팅

카페, 외식 창업
황금법칙

01

서비스 경험 디자인으로 공간을 기획하라

　서비스 경험 디자인이란 무엇일까? 한마디로 서비스 경험을 디자인한다는 것은 고객들이 공간을 사용할 때 발생할 수 있는 모든 상황을 데이터화해 축적된 경험치를 하나의 디자인이라는 형태로 표현하는 것이라고 할 수 있다. 간단하게 예를 들면 우리가 해외여행을 갈 때 비행기를 타기 위해서는 공항으로 간다. 대부분의 경우 예약한 티켓을 발권하기 위해서 무인 발권기를 이용한다. 그 티켓으로 짐을 싣기 위해 카운터로 간다. 그 과정에서 정해진 줄을 서서 대기하다가 카운터에 가서 티켓팅을 하고 짐을 먼저 싣는다. 그리고 게이트를 통해서 들어가서 검색대를 거치고 다시 모노레일을 타고 탑승구까지 이동한다. 지정된 탑승구에서 대기하다가 탑승시간에 맞춰 비행기를 탑승하게 된다. 탑승 후에는 운행 중 기내식을 제공받고, 음료를 제공받으며, 담요와 베개, 이어폰 등을 제공받는다. 비행기 출발과 도착에 대한 안내를 좌석 앞에 설치하는 모니터를 통해 실시간으로 안내받는다. 그 모니터로 영화를 감상하기도 한다. 중간에 화장실을 두어 번 이용한다. 도착지에 도착한 후 입국심사를 거쳐서 짐을 찾아서 공항 탑승구를 빠져나간다.

이 모든 서비스 단계별 과정을 관찰하고, 데이터를 축적하고 분석해 사용자들의 패턴을 분석한다. 그리고 그 과정에서 브랜드와 고객이 만나는 접점에서 발생하는 유형, 무형의 서비스 경험을 고객의 만족도가 상승되는 방향으로 개선해 나간다. 그 개선 방향을 구체적이고, 창의적인 디자인으로 실체화한다. 이런 디자인 프로세스를 거치면서 디자인하는 방법을 '서비스 경험 디자인'이라고 한다. 서비스 경험 디자인은 이런 물리적인 경험 프로세스를 연구하지만, 본질적으로는 고객의 고민과 그 해결 과정에 경험을 철저하게 사용자의 면에서 이해하려고 노력하는 것이 더 중요하다.

고객이 브랜드를 경험하면서 만족하는 공간을 기획하기 위해서는 사용 고객 중심의 서비스 경험 디자인적인 접근이 공간을 기획할 때 가장 중요한 요소 중 하나가 된다. 어느 공간을 경험하면서 왠지 편안함이 느껴지는 디자인이나 감정을 경험한다면, 그 공간은 당신이 의식하고 있지 않더라도 이미 서비스 경험 디자인을 적용한 공간 기획이 이뤄진 것일 수도 있다. 서비스 경험 디자인을 바탕으로 기획된 공간은 성공할 가능성이 높다. 결국 좋은 공간을 기획한다는 것은 사람들이 가진 문제를 해결하기 위해 얼마나 치열하게 고민했는지로 귀결되기 때문이다. 그러므로 공간을 단순히 어느 목적을 위해 필요한 최소한의 시설로 인지해서는 안 되며, 반드시 사용자들을 요구와 배려를 중심으로 해 그들의 생각과 취향을 담아내야 한다. 사용자들에게 그 공간에만 있는 그 '특별한 경험을 제안하기 위한 제3의 공간을 기획해야 한다.

일상적으로 사람들이 생활하는 집을 제1공간이라고 한다. 모든 생활과 행위의 일차적인 출발점이 집이기 때문이다. 제2공간은 학교나 회사 같은 공적이거나 사회적인 활동이 이뤄지는 공간을 말한다.

우리가 공간에서 기획하려는 제3공간은 제1공간도, 제2공간도 아닌 나만의 아지트가 되어야 한다. 업무와 생활에 지친 현대인이 온전히 나만의 휴식처인 제3공간에서 마음을 위로받고 감성을 충전할 수 있어야 한다. 그러므로 제3공간의 가장 중요한 요소는 '완벽한 편안함'이다. 완벽한 편안함은 서비스 경험을 바탕으로 기획되어야 하고, 서비스 경험과 고객 맞춤형 데이터를 과학적으로 축적하면서 지속적으로 업그레이드 해나가야 한다.

사람들의 지적, 경제적 수준이 발달하면 할수록 양보다는 더 수준 높은 삶의 질을 추구하게 될 것이다. 현대의 소비자들이 카페나 음식점을 방문하는 것은 그냥 단순히 음식을 먹거나 음료를 마시는 기능적인 목적만은 아니다. 그런 단순한 기능적인 욕구를 해결하는 것만으로는 만족하지 못한다.

자신의 자부심을 만족시킬 수 있을 정도로 브랜드 인지도도 있고, 공간은 미학적으로도 아름다우며, 서비스와 맛도 훌륭하길 바란다. 나만의 취향을 만족시켜주는 제3의 공간을 찾는 소비자들이 점점 많아지고 있다. 현대 소비자들은 단순한 기능적인 공간을 넘어서서 낯설지만 새로운 라이프스타일에 대한 경험을 제안해주기를 바라는 것이다. 목표 고객을 연구하고 서비스 경험이 축적된 기획력으로 브랜드 공간을 디자인해야만 하는 이유다.

매장 내의 자투리 공간을 최대한 활용해 디스플레이 공간을 연출했다. 미니멀한 일본 정원을 디자인 모티브로 디스플레이 공간을 기획했다. 특히 전반적으로 조도가 낮은 일본식 주점의 디스플레이에 매우 효과적이다(컨셉 개발/공간 기획/공간 설계 : 카나트 컨설팅).

02

콘텐츠로
공간을 기획하라

필자는 브랜드들의 컨셉 개발 업무와 관련해서 일본을 자주 방문하는 편이다. 최근에 일본 삿포로 지역의 '라멘 공화국'이라는 테마공간에 방문했다. 공간 컨셉은 복고풍 뉴트로한 분위기에 그 지역 유명 라멘집이 모여 있는 라멘 먹자골목을 하나의 실내 공간에 재현한 것이다. 평일 점심시간에는 인근 직장인들과 관광객들로 줄을 세우고 있었다. 사실은 라멘집들을 여러 개 모아놓은 라멘골목에 불과하지만, 그 안에 복고풍 먹자골목이라는 콘텐츠를 심어 공간을 기획한 것이다.

극장이나 테마파크를 연상케 하는 공간에 입장한다. 안에 들어가면 구불구불한 옛날 골목길이 나오고, 그 골목길 양편에는 각 지역을 대표하는 각기 다른 맛의 라멘 식당들이 포진해서 고

186

객을 유혹한다. 간단하지만 확실히 재미있는 컨셉이고, 그 안에 콘텐츠도 그럴 듯하다.

공간의 컨셉을 만들고, 그 안에 콘텐츠를 심어 공간에 생명력을 불어넣는 일을 하는 사람이 공간 기획자다. 공간은 컨셉과 콘텐츠가 좋아야 성공할 수 있다. 좋은 컨셉과 콘텐츠를 만들기 위해서는 공간 기획자가 그 공간을 사용할 사람들의 라이프스타일을 연구해야 한다. 하지만 연구하는 데서 그쳐서는 새로운 컨셉과 콘텐츠를 만들어낼 수 없다. 새로운 라이프스타일을 제안하라. 새로운 라이프스타일 안에 컨셉과 콘텐츠를 심어라. 그렇게 만들어진 컨셉과 콘텐츠에 다양한 목적과 기능을 연결하고 조합하라. 그런 전 과정을 효과적으로 큐레이션하는 것이 공간 기획자의 역할이다. 공간 기획자의 다른 표현은 공간 큐레이터라고 할 수 있다.

IT기술의 발달로 인해 소비자들의 정보와 지식량이 늘어나면서 획일적인 유행이 대세 흐름을 좌우하던 예전에 비해 보다 훨씬 다양한 라이프스타일과 개인들 각자의 취향이 생겨났다.

각기 다른 취향과 라이프스타일을 아우르는 융합적인 지식 및 연결과 조합을 큐레이션하는 공간 기획자의 역할은 앞으로도 더 늘어나고 중요해질 것이다. 특히 온라인 커머스에 밀린 지 오래된 오프라인 유통 시설들의 고민이 심각하다. 이들 오프라인 유통 시설을 살리기 위한 유일한 해결책은 공간을 새롭게 리포지셔닝하는 것뿐이다.

유통 시설이 활력을 찾기 위해서는 고객이 모이고, 오래 체류해야 한다. 하지만 무조건 고객을 붙잡아둘 수는 없는 일이다. 고객이 스스로 찾아오게 만들고, 자발적으로 오래 머물게 하는 장치가 필요하다. 그러기 위해서는 고객 체류공간의 컨셉부터 잘 개발해야 한다. 컨셉이 만들어졌으면 콘텐츠를 심어야 한다. 좋은 콘텐츠, 재미있는 콘텐츠가 있어야 고객을 체류하게 만들 수 있다.

콘텐츠가 파워를 가지려면 탄탄한 스토리텔링이 뒷받침이 되어야 한다. 디즈니랜드와 해리포터의 테마파크가 강력한 이유는 콘텐츠 뒤에 탄탄한 스토리텔링이 있기 때문이다. 국내 대기업들이 테마파크를 만들면서 급조한 캐릭터가 부실한 이유는 탄탄한 스토리텔링이 뒷받침이 안 되었기 때문에 영향력이 약한 것이다. 마찬가지로 뽀로로 파크가 강한 이유는 배후에 마니아층이 두터운 스토리텔링이 존재하기 때문이다. 그러므로 고객 체류를 목적으로 하는 브랜드 체류형 공간을 기획할 때에는 좋은 컨셉과 콘텐츠가 반드시 존재해야 하고, 콘텐츠에는 탄탄한 스토리텔링이 뒷받침되어야 한다.

그런 면에서 서점이나 도서관이라는 콘텐츠는 매력적이다. 서점이나 도서관이라는 콘텐츠도 좋은데, 그곳 책장에 꽂혀 있는 수많은 책들에는 각기 다른 탄탄한 스토리텔링들을 담고 있기 때문이다. 고객 체류형 공간의 기획 사례들 중에 유독 도서관이나 서점을 콘텐츠로 사용한 공간들의 성공 사례가 많은 이유다.

억지로 끌어당기지 않아도 자연스러운 끌림으로 고객들이 찾아오게 만들고, 자발적인 의사 결정으로 오래 체류하게 만드는 방법은 재미있는 볼거리와 체험거리를 콘텐츠로 만들어서 공간의 곳곳에 심어두는 것이다.

앞으로는 컨셉과 콘텐츠의 시대라고들 이야기한다. 브랜드 공간을 기획함에 있어서도 물리적인 환경보다는 컨셉을 개발하고, 콘텐츠를 풍부하게 갖추는 것에 더 비중을 많이 두어야 한다. 콘텐츠가 반응이 좋으면 컨셉의 가치를 인정받게 될 것이다. 공간 기획은 한마디로 공간을 디자인하기 전에 공간에 콘텐츠를 장착하는 것이다. 공간이 스마트폰이라면 앱은 콘텐츠다. 다양한 앱이 깔려 있지 않은 스마트폰은 비싼 전화기일 뿐이다. 공간 기획은 공간에 앱을 까는 것이다. 공간도 기획이 없다면 단지 비싼 구조물에 불과하다. 컨셉을 콘텐츠로 만들어 공간을 기획하라.

쌈밥을 파는 식당의 테이블과 의자를 마치 시골 친척집 마당에 있는 평상처럼 디자인했다. 시골집 뒷마당에 있는 작은 텃밭에서 갓 수확한 야채들로 쌈을 싸먹는 컨셉으로 공간을 기획했다. 맛있게 먹는 방법을 강조하기 위해 컨셉을 지원하는 방향으로 공간을 디자인했다(컨셉 개발/공간 기획/공간 설계 : 카나트 컨설팅).

03

공간 디자인으로
마케팅하라

불과 10여 년 전만 해도 디자인은 사치라고 생각하는 사람들이 많았다. 하지만 최근 몇 년 사이 사람들의 인식이 크게 바뀌었다. 디자인이 경쟁력이라는 사실을 깨달은 것이다. 전 세계적으로 디자인이 비즈니스 경쟁력의 핵심요소로 자리 잡았다. 감성만족을 중시하는 요즘 소비자들이 기술이나 품질, 가격보다는 디자인과 브랜드를 보고 구매를 결정하는 경우가 많아지고 있기 때문이다. 나아가 디자인이 좋으면 비슷한 성능의 다른 제품보다 가격이 다소 높더라도 더 많이 팔리는 것이 현재 시장의 상황이 되었다.

기술이나 품질의 전 세계적인 평준화와 동남아시아 및 중국산 저가 제품의 공세로 가격 경쟁력마저 상실한 상황이다. 결국 디자인은 가장 강력하고, 효과적인 상품 차별화 전략으로 인식되기 시작했다. 실제 한 조사에 따르면 디자인 투자가 R&D 투자에 비해 19배의 효과가 있다는 연구 결과도 있다고 한다. 요즘 수없이 많은 제품들의 광고들로 홍수를 이루고 있다. 그러나 그렇게 많은 광고물들 중에서 마음을 흔드는 새로운 것을 찾아보기란 그리 쉽지 않은 것 같다. 실제로 광고는 더 이상 효과 없다.

현대의 스마트해진 고객의 마음을 사로잡는 것은 더 이상 광고나 마케팅이 아니다. 어느 지역, 어느 업계든 시장은 '이미' 포화되었고, 실제 대다수의 사람이 만족할 만하고 쓸 만한 제품은 이미 시장에 넘쳐 나고 있다. 새로운 돌파구를 찾아야 한다. 그중 하나가 디자인 마케팅이다. 디자인 마케팅은 제품에만 사용하는 것은 아니다. 공간도 디자인 마케팅이 필요하다. 스페인의 빌바오 미술관의 사례가 그러할 것이다. 폐허가 된 공장 도시에 들어선 미술관 하나로 죽어가던 도시가 살아났다. 미술관을 보러 전 세계에서 관광객들이 몰려든 것이다.

공간에 디자인 마케팅을 적용하면 놀라운 일이 벌어질 수도 있다. 공간이 가진 파워가 디자인 마케팅으로 극대화되는 것이다. 최근 한국디자인진흥원의 소비자 조사에서도 소비자들이 제품을 구입할 때 가장 중요시하고, 우선적으로 고려하는 것은 가격이 아니라 디자인과 품질이라고 한다.

디자인 경영이 과거 산업 사회보다 정보화 사회에 들어서면서 더욱 부각되는 것도 바로 다품종 소량 생산이다. 소비자와 잠재 고객들의 욕구가 동시에 충족되어야 한다는 점에서 양과 질 모두를 관리해야 하는 시대가 되었다. 무조건 싸다고 팔리는 시대도 아니다. 가격이 쌈에도 불구하고, 품질은 유지가 되기를 바라는 소비자들이 늘어났다. 이러한 마케팅을 '매스티지(Masstige)'라고 한다. 경제력은 약하지만 명품을 사고 싶은 사람들을 위한 시장이다. 캐주얼 명품이라고도 한다. 결국 디자인 마케팅의 시대가 왔음을 의미한다.

고부가가치 산업이 성공을 거두는 시대에서 디자인 마케팅 없이는 생존하기 어렵다. 새로운 공간을 기획할 때 디자인 마케팅이 접목된 매스티지 공간을 컨셉으로 개발하면 많은 사람들이 호응할 것이다.

소비자들은 항상 행복감을 추구하는 존재다. 벤츠 자동차를 구입하는 행위는 차를 소유하겠다는 물적 욕심에서 일어난 행동이라기보다는 그 차로 인해 누릴 수 있는 주변의 부러운 시선, 자신의 자존감에 대한 만족, 감동적인 승차감을 포함한 행복감 그 자체를 구입하는 것이라고 할 수도 있다. 이러한 고객의 심리를 잘 파악해야 한다. 그것이 바로 고객의 원츠다. 카페나 음식점과 같은 공간 비즈니스형 사업들은 사회가 발전할수록, 시간이 더 지날수록 가격보다 가치가 중요해지는 사업이다. 그래서 공간 비즈니스형 사업을 장소 사업 또는 장치 사업이라고도 한다.

'공간 디자인 마케팅'이 본격화되는 시대가 되었다. 차별화된

'공간 디자인 마케팅' 전략으로 공간을 설계해 고객이 행복감과 가치를 구매할 수 있도록 자극하는 전략을 사용하면 성공 가능성이 높아진다. 공간 비즈니스형 사업의 경우에는 차별화된 '공간 디자인 마케팅'을 전개하지 않으면 결국 고객들로부터 외면당할 것이다. 특히 고관여 아이템의 경우 '공간 디자인 마케팅' 전략을 구사해 경쟁자들과 조금이라도 차별화된 공간을 끊임없이 제안해야 한다.

　고객들이 보든 안 보든, 알아주든 안 알아주든 끊임없이 고객을 위해 낯선 경험을 제공하기 위해 노력하는 공간이라는 인식을 심는 것이 중요하다. 조금 더 나아가 공간 곳곳에 고유의 스토리텔링을 담아 고객들에게 설득력 있게 다가갈 수 있는 장치들을 세팅해두면 디자인 마케팅적인 요소도 되고, 고객들의 입소문에 끊임없이 오르내리게 될 것이다. 공간 디자인 마케팅은 그저 보기에만 예쁘기만 한 공간을 의미하지 않는다. 스스로 고객을 끌어 모으고 머물게 하는 매력을 갖춘 공간을 의미한다.

규모가 큰 외식 공간 입구 옆에 설치된 테이크아웃 카페다. 식사를 한 고객들을 위한 서비스 차원에서 간단한 음료와 디저트를 저렴하게 판매한다. 고객의 부담은 줄이고, 만족도는 높이는 마케팅 전략적 차원에서 기획한 샵인샵 카페다(컨셉 개발/공간 기획/공간 설계 : 카나트 컨설팅).

04

브랜드 경험을
설계하라

사람들은 체험하는 것을 좋아한다. 공간도 마찬가지다. 체험 공간이 인기다. 브랜드 체험 공간도 주목받고 있다. 브랜드 체험 공간이 브랜드 인지도와 브랜드 가치를 높여준다. 체험 공간이 중요해진 이유는 경쟁이 치열해졌기 때문이다. 체험 공간은 의심 없이 사람들이 모이게 하기 좋은 컨셉이다. 공간을 기획할 때 체험 공간, 또는 경험 공간은 아주 효과적인 컨셉으로 발전하는 경우가 많다. 체험 공간은 사람들과 만나는 아주 자연스러운 접점이 된다. 일단 사람들이 스스로 찾아와서 공간을 경험하게 되니까 효과적인 컨셉이다. 체험 공간이라는 컨셉을 정했다면, 그에 맞는 공간을 기획해야 할 것이다.

산악용품이나 스포츠용품을 체험하는 공간인지, 전자제품을 체험하는 공간인지, 음식이나 식품류를 체험하는지에 따라 공간의 기획이 달라질 것이다. 하지만 체험 공간이라고 해서 단지 제품들을 사용해보거나 시뮬레이션 공간을 설치하는 등의 물리적인 공간을 기획하는 것만을 의미하는 것은 아니다. 공간의 정체성, 주관하는 브랜드나 단체의 철학 등을 함께 표현해야 한다. 최근에는 자동차를 파는 공간도 체험형으로 기획하고, 스마트폰이나 노트북을 파는 공간도 체험형이 많다. 심지어는 밥솥을 팔기 위해 요리 교실 등을 운영하면서 직접 간접 체험을 할 수 있게 하는 경우도 있으며, 카드사조차도 체험 공간을 기획한다. 카드사의 경우가 기발한데, 카드를 체험하는 것이 아니라 카드의 가치와 정체성, 라이프스타일, 멤버십 같은 혜택을 체험하는 공간이다.

체험 공간형 컨셉은 아주 효과적으로 활용이 가능하다. 컨셉이 명확하므로 공간도 효율적으로 기획하는 것이 가능해진다. 결국 컨셉을 만들어야 하는 가장 큰 이유는 사람들이 스스로 찾아오게 만들기 위함이다. 스스로 찾아오게 만들려면 탁월한 컨셉을 구체적으로 표현하는 것이 필요하다. 컨셉이 목표 고객의 마음속에 들어가기 위해서는 일단 목표 고객을 잘 이해해야 한다. 목표 고객의 고민을 파악하고, 그 고민의 해결책으로서의 컨셉을 제안한다면, 사람들이 스스로 찾아오게 만들 수 있을 것이다.

예를 들면 100가구 정도가 거주하는 시골 마을에 300명 정도의 주민들이 거주하고 있다고 가정해보자. 그들의 고민을 조사해보니 주민들이 마땅히 모일 수 있는 공동의 공간이 없다는 것이었다. 그런 마을에 '마을 회관'이라는 공간이 만들어지면, 그 공간은 거주민들의 고민을 해결해주는 해결책 같은 공간이 될 것이다. 300명의 주민들은 자발적으로 마을 회관을 매일 찾아올 것이다. 사람들을 만나기 위해서, 모여서 놀기 위해서, 책을 읽기 위해서, 마을 일을 의논하기 위해서 스스로 모여들 것이다. 당연한 일 아닌가?

고객이 스스로 찾아오게 만드는 컨셉이 사실은 특별한 것이 아니다. 목표 시장에 있는 목표 고객들의 고민을 해결해주면 되는 것이다. 또한 예전에는 상품과 서비스가 부족한 시대였기에 적절한 상품과 서비스를 생산하고, 제공하기만 하면 비즈니스가 이뤄졌다. 어차피 수요는 많고, 공급은 부족했기 때문이다. 아주 간단한 광고 활동만으로도 충분했다. 하지만 인터넷의 발달과 스마트폰 보급으로 정보가 넘쳐나게 되었다. 게다가 안정된 사회가 오랜 시간 이어지면서 업종들 간의 경쟁이 포화상태에 이르렀다. 그 이야기는 다른 말로 수요보다 공급이 더 많은 치열한 무한 경쟁시대에 돌입했다는 뜻이다.

오늘날에는 광고도, 마케팅도 힘을 잃어가고 있다. 그렇다면 어떻게 하면 고객들이 스스로 나의 브랜드를 찾아오게 만들 수 있을까? 이렇게 급변한 시장 환경하에서의 기업은 제품이나 서비스를 자신의 의도대로 기획, 생산하는 것으로 끝나서는 안 되며, 그것이 소비자의 마음이나 인식 속으로 자연스럽게, 스며들어가도록 기획해야 한다. 경기도의 한 시골 마을에 밀크티를 파는 카페가 있다. 주변 풍경은 여느 시골과 비슷하지만, 이곳은 SNS에서 뜨고 있는 스타 카페다. 주말에만 1,000여 명의 손님이 온다. 지나다니는 유동인구도 없다. 주변은 논과 밭이다. 대중교통도 닿지 않는 곳에 사람들의 발길이 끊이지 않는 이유는 뭘까? 이곳은 지나가다 들어오는 카페가 아니다. 고객들이 이곳에 오기 위해 내비게이션을 찍고 오는 곳이다.

어떻게 이런 일이 가능한 것일까? 그 카페는 경쟁자들과는 다른 강력한 온리 원 대표 상품을 갖고 있다. 바로 밀크티다. 밀크티에 어떤 비밀이 있기에 사람들이 찾아오게 만든 것일까? 대부분의 밀크티를 파는 카페들은 물에 홍차를 우려낸 뒤 우유 맛을 내는 탈지분유 등으로 밀크티를 만드는 데 반해 이 카페는 진짜 생우유에 홍차를 우려낸다. 반드시 생우유로 만들어야 진한 밀크티 맛이 난다는 것이다.

생우유를 사용하면 많은 시간이 걸린다. 그야말로 시간과 노력, 정성이 필요한 어려운 방식을 선택한 것이다. 상품력 자체가 경쟁자들과는 비교 자체가 불가능하다. 이런 스토리텔링의 사실 여부는 중요하지 않다. 이 정도 스토리텔링이라면 고객들이 인적 없는 시골 마을까지 직접 차를 몰고 찾아올 만한 충분한 이유가 된다.

그 카페는 특별한 밀크티에 대한 스토리텔링으로 고객이 스

199

스로 찾아오게 만드는 것에 성공한 것이다. 제대로 만든 밀크티 하면 ○○○라는 브랜드를 소비자들의 인식에 꽤 깊숙이 자리를 단단하게 자리 잡고 있기에 가능한 일이다. 그 카페의 공간은 판매 공간보다는 체험 공간에 가깝다. 제조 공장도 오픈된 상태고, 조리 공간도 공간의 중심에 위치해 4면이 다 오픈된 상태다. 사람들은 그야말로 체험하러 오는 듯한 느낌이다. 이런 방식으로 고객들이 스스로 찾아오게 만들었다면 그 컨셉은 확실하게 성공한 것이다. 현대의 소비자들은 상품 자체보다는 브랜드를 경험하게 하는 것이 더 중요해졌다.

면적이 아주 작은 해장국 식당이다. 작은 공간 안에 경영자가 사업에 임하는 생각과 진정성 있게 요리하는 마음을 구구절절 구체적으로 표현했다. 규모는 작아도 컨셉이 강력한 식당을 기획한 것이다. 이런 강력한 컨셉은 고객의 긍정적인 피드백도 빠르게 받을 수 있다(컨셉 개발/공간 기획/공간 설계 : 카나트 컨설팅).

05

왠지 끌리는 공간을 디자인하라

어떻게 고객이 스스로 판단해서 찾아올 수밖에 없게 만들 수 있을까? 시대적으로 사람들을 오프라인 공간에 모이게 하는 것이 점점 어려워지고 있다. 오프라인 공간에 사람들이 모이게 하려면 공간을 의도적으로 기획해야 한다. 그야말로 찾아오지 않고는 못 배기게 만들어야 한다.

공간 기획이 점점 더 중요해지는 이유다. 사람들이 공간에 모이고, 머물게 만드는 전략을 연구해야 한다. 공간을 기획한다는 것은 거부할 수 없는 특별한 이용 동기를 개발하는 것이다. 단순 방문 공간의 개념을 넘어서는 전략이 필요하다. 결국 공간의 진정성을 표현하고, 익숙하지만 낯선 라이프스타일을 제안할 수 있어야 한다. 브랜드를 경험하는 공간을 기획해야 한다. 시간과 인간과 공간이 모이는 포인트를 조합해야 한다. 확실한 이용 동기도 필요하고, 일단 방문하면 오래 머물고 싶은 콘텐츠도 제공해야 한다. 이는 비단 상업 공간만을 이야기하는 것이 아니다. 주택은 물론이고, 교회도, 사무실도 기타 다른 공간들도 마찬가지로 적용된다.

공간도 사람처럼 정체성이 있어야 한다. 공간을 기획한다는 것은 공간에 정체성을 부여하는 작업이다. 공간의 역할과 존재 이유를 구체적으로 표현해주는 것이다. 그래서 이용하는 사람들이 단순히 구조물로서의 공간을 인식하는 것을 넘어서 공간이 가진 가치를 경험하고, 다른 사람들과 공유하고 즐길 수 있어야 한다.

미국에 있는 한 식료품 매장은 공간의 컨셉인 '신선함'을 부각시키기 위해 신선함을 자극할 수 있는 다양한 체험요소로서 외부 주차장 근처에 소, 돼지, 염소, 오리, 닭 같은 가축들을 모아서 작은 동물농장을 기획했다고 한다. 쇼핑을 온 부모와 아이들에게 마치 시골 농부가 운영하는 작은 농장에 온 분위기를 연출한 것이다. 이는 식품 매장은 단지 '상품을 구매하는 장소'라는 관점에서 벗어나서 '새로운 경험을 판다'라는 관점으로 전환했기에 가능한 일이다. 신선함과 재미라는 경험적 요소를 공간에 설계하면서 새로운 쇼핑 라이프스타일을 제안한 것이다.

오래전에 미국 오하이오주 시골 마을에 있는 한 레스토랑에 식사를 하기 위해 방문한 적이 있다. 그곳의 컨셉은 18세기 외양간이었다. 레스토랑은 오래된 판자로 만들어진 소 외양간의 모습이었다. 입구의 넓은 마당에는 젖소와 닭, 오리, 돼지 등의 모형이 실물처럼 자연스럽게 전시되어 있었다. 얼핏 보면 진짜인 줄 착각할 정도였다. 정말 18세기로 타임머신을 타고 돌아가 전형적인 미국 시골 농부의 외양간에 놀러온 느낌이었다. 외양간 같은 식당 내부로 들어가자마자 커다란 소달구지가 턱하니 놓여 있었다. '웬 소달구지가 식당 안에 있지?' 하고 생각했는데, 알고 보니 그게 뷔페식 샐러드바였다. 그 위에 짚을 깔고 수십 개의 나무 바구니, 나무 양동이를 올려놓았다. 그 안에는 빵과 버터, 샐러드, 우유 등을 세팅해두었다. 이 레스토랑의 메뉴 컨셉은 스테이크 같은 메인 요리는 별도로 주문하면 직원이 테이블로 가져다주는 테이블 서비스였고, 샐러드바는 뷔페식으로 이용하는 것이었다.

게다가 종업원들은 18세기 옷차림을 하고 있었다. 우리가 흔히 미국 영화에서나 본 듯한 하녀 복장 또는 농부 복장이다. 나중에 안 사실이지만, 특정 종교인들의 마을이었다. 18세기 문명과 생활양식을 고수하고 있는 특정 종교인들이 모여서 만든 마을 공동체였다. 신선한 공간 체험이었다. 제공되는 음식들도 전혀 꾸밈이라고는 없었다. 진짜 18세기 미국 시골 농부의 가정식 밥상은 이러 했을 것 같다는 상상이 되었다. 당연히 인근 도시에서 고객들이 몰려들어 줄을 서는 식당이었다. 인적이 드문 외곽에 위치한 외양간 식당인데도 불구하고 공간 기획이 워낙 탁월했다. 공간이 멀리 있는 고객들을 강력하게 끌어당기고 있었다.

이 외양간 식당처럼 공간 기획이 성공하려면, 하나의 컨셉으로 일관되게 공간과 서비스를 구성해야 한다. 제공되는 메뉴와 서비스, 유니폼 등이 특별한 이용 동기를 만들어내고 있는 것이다. 이러한 일관된 컨셉이 공간에 표현되면 사람들은 마음이 흔들리게 된다. 내가 감동을 했으니 주변에도 알리지 않고는 못 배기는 상황이 되는 것이다. 심지어는 내 돈을 내고서라도 지인들을 초대해서 함께 방문한다. 이 정도가 되면 강력한 컨셉이 완성된 것이다. 왠지 끌리는 공간은 고객이 스스로 찾아올 수밖에 없게 만든다.

일본° 음식점의 출입구 디자인이다. 유동인구가 많아서 고객에게 노출이 많이 되는 방향을 향해서 출입문의 각도를 변경했다. 멀리서도 출입구를 더 많이 보여주기 위한 적극적인 디자인 마케팅 전략이다. 간단하게 각도를 튼 것일 뿐이지만, 고객의 관심을 받기 위해 공간을 전략적으로 기획한 것은 벤치마킹 포인트다(컨셉 개발/공간 기획/공간 설계 : 카나트 컨설팅).

06

컬러로
마케팅하라

    컬러는 경영자의 의도를 표현하고, 그 의도를 하나의 마케팅 전략으로 구체화 할 수 있다. 이를 '컬러 마케팅'이라고 하는데 색상을 중심으로 형성된 마케팅으로 상품 이미지를 만들고, 그로 인해 상품을 차별화하고, 상품에 대한 소비자의 선호도를 높이는 광고 선전 효과를 높이기 위해 색채를 이용하는 방법이나 계획을 말한다. 브랜드를 홍보할 때 소비자의 라이프스타일과 욕구에 맞는 컬러 마케팅을 도입하는 이유는 화려한 컬러가 사람들의 눈을 자극함으로써 소비자들이 순간적 느낌으로 정보를 접하고, 감각적인 것에 매력을 느끼게 하기 위한 목적이다.

    소비자의 오감(伍感) 중에서 시각이 점점 더 중요해지고 있다. 이는 인터넷과 다양한 SNS가 발달하게 되어 전문가가 아닌 일반적인 소비자들도 많은 시각적인 정보를 무제한으로 접할 수 있는 시대적 상황 때문이다. 수많은 시각적인 정보와 지식으로 소비자들의 눈높이가 전문가들의 눈높이와 같거나 그 이상인 경우가 많아졌다.

이에 따라 디자인과 색상의 위력은 오늘날 더욱 강력해졌고, 실제로 유명 브랜드들은 컬러를 마케팅의 가장 중요한 요소로 적극 활용하고 있다. 색상은 소비자들의 시각 영역을 가장 효과적으로 자극하므로 브랜드 정체성을 알리는 데 매우 바르고 효과적이다.

색이 소비자들의 효과적인 반응을 이끌어내기 위해서는 고객의 건강과 심리 상태를 미리 염두에 두고, 적절한 색을 선택하는 것이 필요하다. 또한 효과적인 색의 활용은 지역에 따라 목표 고객층의 연령과 성별에 따라 달라질 수도 있다. 특히 외식 공간에서 올바른 색채 디자인 활용은 중요하다. 옛말에도 '보기 좋은 떡이 먹기에도 좋다'라는 말이 있듯 식욕의 증감은 시각적인 감각에 많이 의존한다. 눈에 보이는 색은 음식의 신선도를 판단하는 데 큰 역할을 한다.

예를 들어 독일의 맥주는 갈색 병에는 알코올 도수가 높은 맥주를 담고, 노란색이나 초록색 병에는 도수가 낮은 맥주를 담아서 병 색깔만 봐도 알코올 도수를 짐작하게 한다.

버터는 예전에는 고가의 귀한 식품이었다. 그래서 고급스러움을 표현하기 위해 황금색이나 은색의 포장지로 포장했다고 한

컨셉으로 유혹하고 **공간으로 브랜딩하라!**

다. 또한 주변에 흔히 볼 수 있는 대표적인 사례가 정육점이다. 정육점의 조명이 붉은색인 이유는 고기가 더 신선하게 보이게 하기 위함이다.

사람들은 음식의 색에 민감하게 반응한다. 따라서 음식을 즐기는 공간의 벽체나 바닥의 색도 중요하다. 색은 가장 영향력이 큰 마케팅 요소 중 하나인 것이 분명하다.

대부분의 사람들은 눈으로 식감을 느낀다. 푸드 스타일 전문가들이 점점 더 중요해지는 이유는 푸드 스타일 전문가들은 각각 식재료의 특성을 고려해 상차림을 구성해서 음식을 좀 더 신선하고, 먹음직스럽게 연출하는 전문가이기 때문이다.

음식점을 경영하는 경영자분들이나 조리사들은 음식의 맛만을 강조하기보다 시각적으로 보여지는 색이나 구성을 고려한 상차림을 함께 고려해야 경쟁력과 차별화를 동시에 추구하는 것이 가능해질 것이다. 이는 실제 서비스를 제공받는 당사자인 고객을 중심으로 배려하는 서비스 경쟁력이 될 것이다. 이러한 노력은 반드시 고객들로부터 긍정적인 평가를 받게 될 것이다.

모던한 일본식 정원을 일본 음식점의 진입로에 연출했다. 일본 음식을 판매하는 음식점의
컨셉을 직관적으로 연상하는 것이 가능하게 만든다. 정원은 매우 작은 공간이지만 점포의
컨셉을 명쾌하고 보여주고, 고객들에게는 인스타그래머블한 포토존이 될 수 있다(컨셉 개발/
공간 기획/공간 설계 : 카나트 컨설팅).

07

디스플레이로
마케팅하라

몇 년 전 일본 나고야에서 이자까야 브랜드를 필자의 지인과 함께 한국에 들여와서 서울 종로에 오픈하는 컨설팅을 함께 수행한 적이 있다. 필자의 친구인 종로점 운영자와 일본 본사와의 의견 차이로 폐점을 하게 되어 지금은 존재하지 않는 브랜드가 되었지만, 매장을 인테리어하는 과정에서 느낀 부분 중 하나는 일본 외식 기업들은 매장을 인테리어를 함에 있어서 디스플레이에 비중을 아주 많이 둔다는 것이었다. 국내 기업들처럼 빈 공간을 그냥 두기 뭐하니 적당한 소품을 구해다 놓는 수준을 넘어선 일종의 전략으로서 이해되고 있었다는 점이다.

공간 기획 부분은 필자가 일본 본사 디자이너들과 협의하면서 국내 현실에 적합하게 디자인해 일본 본사의 오케이 승인을 받아 설계가 완료되었다. 하지만 일본 본사 측에서 디스플레이는 반드시 자기 회사의 전문 디스플레이어가 한국에 나와서 해야 한다고 고집을 꺾지 않았다. 결국 많은 출장비와 인건비를 부담하기로 하고, 일본 본사 디스플레이어를 초빙할 수밖에 없었는데, 그 결과는 사실 기대 이상이었다.

일본 본사에서 파견한 디스플레이 실장은 먼저 매장의 인테리어 분위기를 본 후 남대문 시장에 나가서 디스플레이 소품 자재 하나하나를 직접 사가지고 오더니 뚝딱거리며 현장에서 만들어냈다. 과연 레스토랑 디스플레이 전문가답게 능숙한 손놀림으로 소품들을 하나씩 완성시켜 나갔다. 소품이 다 제작되고, 구석구석에 놓이고 걸리고 나자 관계자들은 다들 그 솜씨에 감탄할 수밖에 없었는데, 전체 인테리어 분위기에 너무나도 딱 맞는 디스플레이를 연출한 것이다.

일본 외식 프랜차이즈 기업의 강점은 그들만이 가지고 있는 메뉴 레시피, 인테리어 감각 극대화, 소품의 선정 또는 제작 및 디스플레이에 있었다. 그간 일본 기업들, 일본 컨설턴트들과 다수의 레스토랑 프로젝트들을 진행해온 결과, 일본 외식전문가들은 레스토랑 인테리어의 꽃은 디스플레이라는 확신을 갖고 있는 것 같은 느낌을 강하게 받았다. 물론 기본적인 인테리어에서 좋은 설계가 베이스가 되어야 하지만, 최종적으로 공간에 숨결을 불어넣어주는 마지막 포인트는 소품의 연출이었다. 또 하나 소품과 더불어 벽화도 훌륭한 디스플레이의 방법 중 하나다. 벽화에서 그 매장의 컨셉을 표현하는 것이 상당히 중요한 부분이다.

필자도 이러한 경험들을 통해서 최근 디자인하는 매장들에는 소품과 디스플레이 벽화 계획 등을 반드시 함께 갈 수 있도록 강조하고 있다. 필자는 매장의 벽면에 소품들을 활용해 디스플레이를 하거나 벽화를 그리는 것만으로도 매장이 새롭게 변화될 수 있다고 생각한다. 그러나 필자가 여기서 말하고자 하는 디스플레이는 단순히 매장을 예쁘게 보이기 위한 장식이 아니다. 필자가 이야기하는 디스플레이는 매장의 매출을 올려줄 수 있는 마케팅 도구로서의 디스플레이 전략을 의미하는 것이다.

'디스플레이 마케팅'은 매장의 상품을 효과적으로 보여줘 고객들에게 강한 구매 욕구를 불러일으키고, 또 상품을 기억하고 구매충동을 갖게 해 상품을 구입하게 만드는 역할을 하는 활동이 된다. 그러므로 '디스플레이 마케팅'은 소비자가 원하는 각각의 상품에 정체성을 부여함으로써 그 상품의 컨셉이 소비자에게 최대한 효과적으로 부각될 수 있도록 연출하는 역할을 한다.

'디스플레이 마케팅'은 고객이 매장 안으로 들어올 수 있도록 유도하는 장치이므로 고객이 입구에서 매력을 느끼게 만들고, 연이어 매장 안까지 들어가고 싶은 마음이 들도록 유도해야 한다. 또한 디스플레이는 매장 내에서의 효과적 판매촉진을 위해 매장환경을 구성하기 위해서 인테리어, 디스플레이, 판촉, 접객 서비스 등 제반 요소들을 시각적으로 구체화시켜 표현하고

자 하는 점포의 이미지를 고객에게 명확하게 인식시키는 마케팅 전략이 된다.

외식 공간에서 '디스플레이 마케팅'이 점점 더 주목을 받게 된 것은 소비자의 생활수준이 향상되고, 라이프스타일이 다양하게 변해가고 있기 때문이다. 즉, 소비 동기에 대한 자극으로써 상품을 보이게 하는 새로운 시각적인 방법의 필요성에 의해 필연적으로 생겨난 것이라고 할 수 있다. 즉, 어떤 점포만이 갖고 있는 이미지와 함께 상품에 대한 정보를 시각적인 이미지로 잘 전달하는 가장 효과적인 커뮤니케이션 수단 중의 하나가 되었다.

이처럼 디스플레이 마케팅은 소비자의 구매 동기를 자극하는 판매촉진 도구로써 소비자의 생활수준 향상과 함께 다양화된 라이프스타일을 지원하는 관점에서 중요성이 더해지고 있다.

이제 단순히 밥만 먹고, 커피만 마시기 위한 목적만 가지고 카페나 음식점에 찾아오는 사람은 많지 않다. 하나의 자의적인 구매활동을 하기 위해서 온다고 생각해야 한다. 즉 선택의 여지와 여유가 많아진 것이다. 이러한 고객들의 니즈와 원츠를 동시에 만족시키기 위해서는 그 매장만이 갖고 있는 차별화된 이미지와 함께 상품에 대한 정보를 전문가가 구체적인 비주얼로 표현해 고객들의 뇌리에 강하게 각인시켜줘야 하는 것이다.

디스플레이 마케팅은 상품 자체를 부각시키는 데 더 초점이 맞춰져 있다면, 인테리어 마케팅은 공간 자체에 좀 더 비중을 두는 것일 것이다. 하지만 목적은 동일하다. 점포에서 매출을 상승시키기 위한 시각적 기획을 연출하는 것이 바로 그 목적이다. 결국 인테리어 마케팅 또는 비주얼 머천다이징은 고객들의 생활방식에 영향을 주게 되며, 장기적인 관점에서 계속적인 구매 욕구를 발생시키게 된다. 결국 고객들에게 시각적인 요소와 연출을 통해 우리 식당의 이미지를 최대한 효과적으로 전달하기 위한 수단이 된다.

디스플레이는 공간의 컨셉과 상품을 효과적으로 연출함으로써 고객들에게 강한 구매 욕구를 불러일으키고, 또 상품을 기억하고 구매 충동을 갖게 해 결국 상품을 구입하게 하는 역할을 하게 만드는 브랜딩 마케팅 전략이 되어야 한다.

북카페라는 것을 강조하고 방문 고객의 입소문을 유도하기 위한 목적으로 출입문을 책장을 모티브로 디자인했다. 책장문은 고객들이 좋아한다. 새로운 경험이다. 책장문을 열고 북카 페로 들어가는 새로운 경험이 카페를 핫플레이스로 만들어 줄 것이다(컨셉 개발/공간 기획/ 공간 설계 : 카나트 컨설팅).

08

외장과 간판으로
유혹하라

외식 공간을 어떻게 홍보하고 알릴까? 우리가 길거리를 걷다 보면 눈에 띄는 외장과 간판이 있는가 하면, 안타까울 정도로 눈에 띄지도, 관리가 되어 있지도 않은 간판들을 자주 접하게 된다. 누가 알아주고 들어갈까? 들어가보지 않으면 무엇을 파는 가게인지도 모르는데, 누가 선뜻 용기 내어 들어갈까? 이미 식당은 충분하게 많이 있는 것이 현실이고, 밥 먹으러 갈 곳이 여기밖에 없어서 우리 가게로 들어올 확률은 거의 전무하다.

내부에 들어가보지 않는다면 외관 이미지로 그 점포를 판단하는 것이 대부분일 것이다. 그래서 외장에서 가장 큰 요소인 외장 디자인과 간판 디자인은, 점포형 사업에서 가장 먼저 고객에게 효과적으로 메시지를 전달하는 역할을 수행하는 매우 중요한 영업 수단 중 하나다. 지역과 입지, 업종의 상황에 따라 다소 차이는 존재하지만, 외장 디자인과 간판 디자인이 고객에게 주는 이미지에 따라 점포의 매출이 상승하기도 하고, 감소하기도 한다.

지역적으로 가깝기도 하고, 외식 산업이 정밀하게 발달한 일본의 식당들의 외장과 간판을 조사해보면, 자신의 점포를 고객들에게 알리기 위한 외장 디자인과 간판 디자인을 깜짝 놀랄 정도로 상당히 적극적으로 과감하게 솔직하게 표현한다. 일본의 경우 식당들의 간판 디자인 표현은 상당히 직설적이고 입체적이다. 무모하리만큼 자기 점포의 상품 자체를 커다란 조형물로 제작해 간판으로 사용하기도 하고, 간판이 움직이고 캐릭터 조형물 코에서 연기가 나게 하는 등의 유치하면서도 자극적인 표현도 거리낌 없이 적극적으로 적용시킨다. 물론, 일본과 한국은 간판과 관련된 법규가 다르므로 단순 비교를 하는 것은 무의미하지만, 일본에서도 간판을 점포 마케팅에서 중요한 요소로 여기고 있다는 사실은 분명한 것 같다. 점포들이 간판을 설치함에 있어서 가장 염두에 두어야 할 일은 당연한 이야기이지만, 고객들의 눈에 가장 잘 띄는 곳에 간판을 설치해야 한다는 점이다.

점포 앞에서만 간판을 바라보지 말고, 길 건너편에서도 바라보고, 점포 대각선 방향 30미터 전후에서도 점포를 바라봐야 한다. 고객 입장에서 내 점포를 바라보면, 평소에 보지 못한 부분들을 발견하게 될 것이다. 일단 자리가 정해졌다면 어떻게 만들어야 다른 점포들과 차별화되어 멀리서도 고객들의 눈에 잘 띄게 할 수 있을까를 고민해야 한다. 그러나 눈에 띄고 싶다는 마음만 앞서서 주변과 어울리지 않는 형태나 색상을 무계획적으로 사용해 주변 경관을 해치는 상황이 되어서는 안 되는 일이다. 눈에는 튀더라도 잊지 말아야 할 것은 무엇을 알릴 것인가를 먼저 정하는 것이다. 간판도 크고 많은데, 정작 알리고자 하는 내용과 정보가 빈약하다면, 무슨 목적으로 간판을 설치했는지가 애매해지는 경우가 발생하게 되는 것이다.

하지만, 현실적으로는 간판의 크기와 수량 및 배치는 그 지역의 법규와 그 건물의 상황과 도로의 형태나 구조물에 따라 그 상황들에 적합하게 만들어지고 설치되어야 할 것이다. 그러므로 간판 디자인 전에 관할 관청과 협의가 이뤄져야 한다. 상기의 조건들만 부합된다면, 간판 디자인은 가급적 다양하게 독특하게 표현하는 전략이 필요하다. 식당은 상업 공간인만큼 직접적으로 매출을 올려주는 역할을 할 수 있는 간판을 계획해야 한다.

좋은 간판 디자인의 10가지 원칙을 정리하면 다음과 같다.

① 주변 경쟁 점포들보다 눈에 띄게 디자인하라.
② 디자인이 예쁘기만 한 간판보다는 마케팅 전략을 담은 간판이 효과적이다.
③ 타깃 고객층을 분석해 그에 적합한 컨셉을 구축하라.
④ 고객들의 시선에 따라 위치를 정하고, 글씨 크기도 정하라.

⑤ 그 지역의 관련 법규를 먼저 확인해보고, 건물 관리인과도 협의해 디자인하라.

⑥ 주변 점포들과도 협의하고, 간판의 높이나 형태가 주변과 조화를 이루도록 디자인하라.

⑦ 간판 주변의 배경색과 주변 간판들의 색을 고려해 디자인해야 한다.

⑧ 간판 제작 시 사용되는 소재에 대해 추후 유지 보수 문제까지 면밀히 검토하라.

⑨ 전화번호 홈페이지 등의 주요 정보를 눈에 띄게 배치해야 한다.

⑩ 한 번만 봐도 고객의 기억에 오래 남을 만한 포인트를 2가지 이상 심어두라.

상기의 원칙에 입각해 간판을 계획한다면, 반드시 매출을 올려주는 무급 영업사원의 역할을 톡톡히 해내리라 생각한다. 특히 매장의 좋은 이미지를 알리려면 의도적으로 과감하게 설계해야 한다. 결국 한 번 보면 절대 잊히지 않는 외장 파사드의 컨셉을 개발해야 성공한다. 독특하게 차별화된 외장 디자인과 간판 디자인에 마케팅 전략을 담아서 소비자들이 일단 들어와 보고 싶게 만드는 것이 가장 중요하다.

음식점 입구에 설치된 점포 판매 상품 진열대다. 점포의 상품과 직간접적으로 연계되는 상품들은 입구에서 판매한다. 점포의 분위기를 연출하는 효과도 있고, 중요한 수익 발생처가 될 수도 있다. 음식점의 점두 판매는 배달, 포장과 더불어 중요한 수익구조가 될 것이다(컨셉 개발/공간 기획/공간 설계 : 카나트 컨설팅).

컨셉으로 유혹하고
공간으로 브랜딩하라

컨셉을 구체적으로 표현하는
공간을 브랜딩하라 ③
공간 설계

카페, 외식 창업
황금법칙

01

공간 컨셉으로
고객을 유혹하라

공간을 기획한다는 것은 사용자들의 고민거리를 해결해주는 것이다. 공간 기획자나 설계자의 생각보다는 실제 공간을 사용하는 사용자들의 취향과 라이프스타일이 우선시되어야 한다. 가장 위험한 것은 컨셉도 없고, 공간 기획도 없이 자칭 예술가라고 주장하는 디자이너 또는 설계자가 자기가 만들고 싶은 공간을 만드는 것이다. 개인 주택이나 소규모 개인 사무실 정도는 그런 예술가에게 의뢰해도 무방하다. 하지만 매출을 올려야 하는 상업 공간이나 사람들이 모여야만 하는 복합 공간, 특수 공간들, 기업의 브랜드 공간은 이제 더 이상 그런 방식의 설계나 디자인 진행 방식은 무조건 피해야 한다. 큰돈 들여서 기능적으로는 전혀 쓸모없는 큰 예술 조각품을 만들고 싶지 않다면 말이다.

225

공간의 설계는 독창성이 있어야 하지만, 계획적이어야 하고 전략적이어야 한다. 그리고 가장 중요한 부분 중 하나인 경제적으로 공간을 만드는 것이다. 공간을 만드는 일은 규모가 작아도 무조건 예상보다 많은 비용이 지출된다. 공간을 만들면서 얼마나 효율적으로 비용을 절감하고, 예산을 합리적으로 집행하느냐가 초기에 사업의 성패를 좌우하게 된다. 건축주가 무계획적으로 욕심을 부려 필요 이상으로 과잉 투자가 되는 것은 잘못된 것이다. 집 짓다가 파산하는 사람이 의외로 많다는 것을 명심해야 한다. 반대로 지식이 없이 무조건 지나치게 투자 비용을 절감한 나머지, 공간 자체가 기능을 제대로 하지 못하거나 사용자들에게서 외면 받게 되는 상황을 초래해서도 안 된다.

경영적인 측면에서 투자 회수기간을 고려해 합리적인 비용을 산출해 투자를 집행해야 한다. 가장 효율적인 비용 투자 방법은 지역적 특성과 주요 타깃 고객층을 고려해 먼저 컨셉을 개발하고, 그 컨셉에 따라 효율적인 공간을 기획하고, 기획서에 따라 설계하는 것이다. 합리적인 배분을 통해 설계한다는 것은 사용자들의 눈에 많이 띄는 포인트 부분에는 아낌없이 제대로 비용을 투자하고, 눈에 잘 띄지 않고 기능성이 강조되는 주방, 창고, 스텝 룸 부분에는 실용적인 자재를 쓰면서 간단한 시공 방법을 선택해 전체적인 비용을 낮추는 것이다.

컨셉이 정해졌다면 공간 기획에 집중해야 한다. 기획단계에서 방향과 예산이 결정되기 때문이다. 공간의 기획은 먼저 지역 특성 및 주요 타깃 고객층을 조사하고 분석한다. 목표 시장의 동종 업계 및 유사 업계의 경쟁자들과 비교했을 때 확실한 경쟁우위를 갖출 수 있는 근본적인 차별화 전략을 세워 나간다. 경쟁우위를 점유할 수 있을 정도로 경쟁력 있는 기획을 먼저 완성해야 한다.

예를 들어 이탈리아의 베네치아가 컨셉인 복합 쇼핑몰이라면, 인공 수로를 만들어 배를 띄워야 할 것이다. 사람들이 쇼핑을 하면서 이탈리아 베네치아에 온 것 같은 느낌을 가질 수 있어야 하기 때문이다. 그 수로를 중심으로 좌우에 쇼핑몰을 건축하고, 음악도, 건축 디자인도, 이탈리아 베네치아 감성을 담아내야 한다. 이탈리아 베네치아 스타일 레스토랑이 유명해야 할 것이다. 그래야 확실한 컨셉과 세심한 공간 기획이 완성되는 것이다. 적어도 이곳에서 머무는 시간만큼은 완벽하게 이탈리아에 여행 온 것 같은 분위기를 만들어주는 것이다. 그렇게 차별화된 공간이 존재한다는 것을 널리 알려라. 그 공간에 이탈리아를 느끼고 싶은 고객들이 스스로 찾아오는 것은 당연한 일이다.

독창성이 있는 공간 기획은 고객을 끌어들이는 힘을 가지고 있다. 디자인과 설계는 컨셉과 공간의 기획을 기준으로 진행되어야 한다. 전체적으로 일관된 공간이 조성되어야 한다. 이렇게 컨셉을 먼저 개발하고, 그 컨셉을 표현하는 공간을 기획하며, 그 기획에 따라 설계와 디자인이 이뤄진다면, 고객을 유혹하는 공간 컨셉을 만들 수 있을 것이다.

세계 생맥주 전문점이다. 다양한 브랜드의 생맥주를 강조하고, 효과적으로 홍보하기 위해
서 카운터의 컬러와 디자인을 파격적으로 기획했다. 매장의 중심축을 생맥주 카운터로 설
정하고 전체 공간을 설계했다(컨셉 개발/공간 기획/공간 설계 : 카나트 컨설팅).

02

컨셉을 표현하는
공간을 설계하라

무엇으로 고객의 마음을 사로잡을 수 있을까? 외식 공간 컨셉을 설계할 때 인스타그래머블하게 만드는 것이 중요하다. 이미 일반화된 SNS 사회에서 고객들이 자발적으로 모여들게 만드는 방법 또한 SNS를 떠나서 생각할 수는 없기 때문이다. 최근 4~5년 사이에 급속하게 발전을 거듭하고 있는 글로벌 커피 브랜드들의 사례를 살펴보자. 과연 그 브랜드들이 파는 커피와 음료, 디저트들이 정말 맛만 있어서 고객들이 북적거리는 것일까? '외식 공간이 성공하려면 맛은 중요하지만 맛이 다는 아니다'라고 생각한다. 정말 맛이 있다면 맛있는 것을 제대로 적극적으로 알릴 필요가 있다. 아무리 맛있어도 사람들이 모르고 있으면 그 맛은 의미가 없기 때문이다.

국내 1위인 글로벌 카페 브랜드는 '제3공간'이라는 용어를 업계 최초로 사용했다. 즉, 집(제1공간)도 아니고, 학교나 회사(제2공간)도 아닌, 오직 나만을 위한 휴식 공간(즉, 제3공간)이라는 컨셉으로 세계적인 성공을 거두게 되었다. 이와 같은 경우를 보더라도 최근 외식 공간은 매출에 직접적인 영향을 줄 만큼 중요한 마케팅 전략의 도구가 되고 있다. 물론 함께 제공되는 서비스나 상품의 경쟁력도 근접한 경쟁력을 갖춰야 더욱 효과적인 것은 당연한 일이다. 그러므로 이제는 마케팅 전략이 담긴 컨셉 설계 전략을 세워야 할 때이며, 공간이 고객을 끌어들이는 서비스 경쟁력으로 확실하게 자리 잡게 되었다. 자영업자들은 각자의 업종과 브랜드의 경영이념이나 사업전략을 판매 공간에 제대로 표현해야만 하는 시대가 된 것이다.

이제 컨셉 설계는 점포형 사업에 있어서 선택이 아니라 필수가 된 것 같다. 우연히 한번 방문했던 고객들의 뇌리에 기억될 만큼 스토리를 심어줄 수 있다면, 한참 시간이 흐른 뒤에도 고객은 그때의 감동이 이미지로 연상이 되면서 브랜드를 재인식하게 되는 것이다. 브랜드가 자연스럽게 연상되는 공간이라면 방문한 고객들 중 누군가는 우리 매장을 사진이나 영상으로 담아가서 자신의 SNS에 올려놓게 될 것이다. 그 사진이 소비자들의 공감을 받는 공간이라면, 웹상에서 매장의 이미지는 계속적이고, 반복적으로 복제되어 전 세계 웹상을 떠돌게 될 것이다. 즉, 이제는 내가 영업을 하고 있는 공간 그 자체가 효과적인 광고매체가 될 수 있다. 실제로 최근 국내 가수가 유튜브에 올린 노래와 춤이 담긴 동영상이 전 세계적인 히트를 치고 있는 사실만 봐도 알 수 있을 것이다.

세상은 빠르게 변화하고 있고, 고객들은 스마트해졌다. 스마트한 고객을 잡으려면 어떻게 해야 할까? 옛말에도 호랑이를 잡으려면 호랑이 굴로 들어가라고 했다. 스마트해진 고객을 잡기 위해서는 카페, 외식 공간들도 스마트해져야 한다. 그러므로 이제부터는 좋은 상품을 만들고 파는 것도 중요하지만, 그와 동시에 좋은 컨셉 이미지를 먼저 팔아야 한다. 아직도 유행하는 메뉴 한두 가지만 전수받으면 금방이라도 대박날 것으로 생각하고 창업 전선에 뛰어드는 불나방 같은 창업자들이 있다. 하지만 그렇게 시작한 창업이 얼마나 쉽게 무너지는지 주변에서 너무 많이 보게 된다. 결국 창업에 실패하는 것은 고객에게 지속적으로 선택받지 못했기 때문이다.

창업 초창기에는 강력한 점포의 컨셉이 매우 중요하다. 수많은 경쟁을 뚫고 고객의 선택을 받으려면 고객에게 강력한 매력을 발산해야 한다. 그럼에도 불구하고, 대부분의 창업자들의 생각은 모든 의사결정 과정에서 기준이 고객이 아닌 창업자 본인인 경우가 대부분이다. 고객이 스스로 찾아가고 싶은 마음이 드는 점포를 만들지 못하면 무조건 실패한다. 하지만 오해하지는 마시라. 맛이나 서비스는 형편없어도 가게만 예쁘면 무조건 장사가 잘된다고 말하려는 것이 아니다. 절대 본질을 벗어나서는

231

안 된다. 맛이나 서비스에서 충분한 상품 경쟁력을 갖추고 있음에도 불구하고 제대로 알리지 못해서 실패하는 식당들도 많다는 것이다. 일단 강력한 컨셉을 설계하고 널리 알려서 고객들이 스스로 찾아오게 만들고 진짜 경쟁력 있는 상품과 서비스로 고객들을 사로잡는 것이 단계별 성공 프로세스다. 카페, 외식 사업으로 성공하고 싶다면 컨셉을 설계하고, 그 컨셉을 잘 표현하는 공간을 기획하고 그것을 효과적으로 알려서 고객이 스스로 찾아오게 만들어야 한다.

소규모 돈가스 분식점을 저비용으로 고급스러워 보이게 리뉴얼하기 위한 프로젝트다. 좌석 공간과 컬러의 선정이 중요하고, 특히 조명의 연출이 매스티지한 공간을 연출하는 데 포인 트가 된다. 저렴하지만 고급스러움을 추구하는 매스티지 디자인 전략이 향후 카페, 외식 공 간의 대세 트렌드가 될 것이다(컨셉 개발/공간 기획/공간 설계 : 카나트 컨설팅).

03

공간 설계로
공사비용을 절감하라

　장기화되는 불황에 기업들이 허리띠를 조이기 시작했다. 수년 전 필자가 공간 기획을 컨설팅한 일본 회사는 일본 내 2,000여 개 매장을 보유한 메이저 프랜차이즈 기업인데, 그들의 경영 요체는 바로 '비용 절감'이었다. 경제 강국 일본도 더 이상 매출을 끌어올리는 방법이 어려워지자, 매출을 올리는 방법보다는 유지비용 절감을 통해 수익을 올리는 경영 방법을 택하고 있다고 한다. 매출을 5~10% 끌어올리려면 그에 비례하는 엄청난 프로모션 비용이 추가되지만, 효과는 확실히 보장할 수 없는 모험이다. 그러나 비용 절감은 다르다. 과학적으로 전문가의 분석을 통한 비용 절감 컨설팅을 받으면, 그 자리에서 5~10%의 비용이 절감되고, 이는 곧 추가비용 없이 본사의 수익으로 전환

되는 것이다.

몇 년 전 대형 평수의 가맹점이 30여 개 정도 있는 국내 중견 프랜차이즈 기업에서 디자인 매뉴얼 작업 의뢰와 동시에 공간 비용 절감 컨설팅을 의뢰했다. 이 기업은 무조건 비용을 줄이자는 게 아니라, 품질은 유지하면서 비용 절감을 통한 수익극대화가 궁극적인 목표였다. 공간 기획을 통한 비용 절감법은 다른 분야와는 조금 차이가 있다. 무조건 '자린고비식'의 마인드는 버리고, 과학적 분석으로 절약하는 아이디어를 개발해야 하는 것이다. 우선 무조건 깎고, 무조건 줄이는 식의 고루한 '허리띠 졸라매기'는 지양해야 한다. 일본식의 '마른 수건도 다시 짜자'는 류의 낡은 절감법은 구성원들의 희생과 사기저하를 동반하고, 낮은 비용만큼 디자인 품질저하와 하자의 발생을 일으키기 때문이다.

비용 절감의 해결사는 '컨셉 공간 기획'이다. 컨셉 공간 기획을 통해 비용을 절감하는 프로세스는 다음과 같다.

첫째, 명확한 컨셉을 먼저 개발해야 한다.
둘째, 디테일한 공간 기획을 진행해야 한다.
셋째, 아이디어로 설계하고 디자인해야 한다.

자사 브랜드에 대한 명확한 컨셉을 먼저를 확정하고, 디테일하게 공간을 기획하며, 비싼 자재를 사용하기보다는 아이디어로 디자인을 하는 것이다.

좋은 디자인이 반드시 비싼 자재를 사용하는 디자인일 필요는 없으며, 적은 비용으로도 효과적인 아이디어를 구상하는 것이 훨씬 가치가 있다. 이를 위해서는 브랜드의 컨셉과 공간의 기획이 명확해야 함은 물론이다. 마지막, 공간 비용 절감의 해결사는 공간 컨설팅 방식으로 공사를 진행하는 것이다. 일반적으로 공사를 진행하는 방식은 여러 가지다. 점주가 직접 인부들과 공사를 진행하는 직영공사가 있고, 인테리어 업체 한 곳에 일괄 도급해버리는 도급공사의 경우가 있다.

직영공사는 획기적으로 비용을 줄이는 것이 가능하지만, 디자인적인 품질을 보장할 수 없고, 점주가 공사를 잘 모를 경우 비용이 눈덩이처럼 불어날 수도 있으며, 하자에 대한 책임은 비전문가인 점주가 다 짊어져야 한다.

도급공사는 검증된 인테리어 회사의 경우 하자가 적고 품질도 보장할 수 있으나, 자사의 기본 관리비용이 있으므로 일정 금액 이하로 비용을 획기적으로 절감시키기에는 현실적으로 어려움이 따를 수밖에 없다. 이 같은 각각의 단점을 보완할 수 있는 가장 효과적인 방법은 '공간 컨설팅' 방식을 적용하는 것이다. '공간 컨설팅' 방식은 쉽게 이야기해서 발주자를 대신해서 공사를 진행시켜주는 공사 프로젝트 관리 대행 기법이다. 비전문가인 발주자를 대신해서 '공간 컨설팅'이 공간의 기획 단계부터 설계, 시공까지 발주자 입장에서 업무를 진행하는 것이다. 대형 공사일 경우 작게는 수십억 원에서 수백억 원까지 비용 절감이 발생되고, 이를 통한 수익의 극대화 효과는 이미 메이저 건설 산업계에서도 검증이 되었다.

비용 절감을 위한 '공간 컨설팅'은 경기 불황기에 큰돈을 들이지 않고 비핵심 분야에 대한 원가를 줄일 수 있어 해외에서도 큰 관심을 끌고 있다. 해외 선진국들에서도 경제 불황기 속 기업 비용 절감을 위한 혁신적인 방법 모색이 비즈니스계의 화두다. 불황기에는 매출 상승 전략보다 비용 절감 전략이 훨씬 중요하다. 매장 중심형 프랜차이즈 본사의 경우 임차료를 제외한 비용중 인테리어가 차지하는 비중이 60~80%정도로 매우 큰 부분을 차지하므로 인테리어 부분에 대한 비용 절감을 이뤄낸다면 앉은 자리에서 본사의 수익을 극대화 시킬 수 있는 효과를 볼 수 있다.

결론적으로 창업비용 중 가장 큰 부분인 인테리어공사비용을 절감하기 위해서는 효과적인 공간 기획을 완료하고 디자인 아이디어 개발에 전사적 노력을 집중하고, 구태의연한 주먹구구식 계약 및 관리기법에서 벗어나 체계적이고 비용을 줄일 수 있는 합리적인 시스템과 프로세스를 바꿔야 한다. 메인테넌스(Maintenance, 유지보수관리)를 고려한 비용 절감 시스템을 구축하는 것은 장기적인 유지보수비용을 절감하는 데 큰 도움이 될 것이다. 올바른 프로세스에 따라 정확하게 기획된 설계가 시행착오를 줄이고, 합리적으로 공사비용을 절감할 수 있다.

뷔페 음식점 공간의 기획이다. 뷔페는 많은 사람들이 빈번하게 자리를 이동하는 업종이다. 가장 중요한 뷔페 바를 공간의 중심에 설정하고, 그 주변에 사람들이 오가는 동선 계획과 충분한 거리 확보가 필요하다(컨셉 개발/공간 기획/공간 설계 : 카나트 컨설팅).

04

매력적인 파사드를
디자인하라

고객은 단 3초간의 첫인상으로 공간의 방문을 선택한다고 한다. 결국 고객을 끌어들이기 위해서는 고객에게 강한 인상을 남기는 외부에서의 강한 매력이 고객을 끌어들이는 첫 번째 관문이 된다고 볼 수 있겠다. 사실 이 문제는 상당히 중요한 문제다. 왜냐하면 공간을 활용하는 비즈니스는 특성상 아무리 상품이 좋아도 일단 고객이 들어와야 매출이 발생되기 때문이다.

외부의 파사드 디자인으로 선택받지 못하고 외면당한다면 상품과 서비스를 소개할 기회 자체를 박탈당하게 된다. 점포형 사업을 경영하는 입장에서 기회조차 주어지지 않는다는 것은 참으로 힘겨운 일이다. 그러므로 파사드 디자인은 처음 공간을 접하는 고객들에게 호감도를 높여 일단 방문을 유도하는 역할을 수행해야 한다. 따라서 고객을 매장으로 끌어들이는 매력적인 파사드를 만들기 위해서 디자인은 물론, 고객이 끌리는 컨셉 설계가 필요하다.

파사드 디자인을 계획하기 전에 위치한 지역의 특성과 목표 고객층 상품의 특성, 판매 방법 등을 고려한 컨셉을 담은 설계를 표현해야 최대한 효과를 올릴 수 있다. 특히 외부 파사드에 신경 써야 하는 이유 중 하나는 소셜미디어의 발전이다. 소셜미디어가 발전하면 할수록 외장 파사드의 디자인이 갈수록 중요해진다. 네티즌들은 인스타그램이나 블로그 등에 외관이 특이하거나 예쁜 점포의 사진을 자발적으로 인터넷에 올리게 되고, 소셜미디어는 위치기반 서비스를 중심으로 발전해갈 것이기 때문에 밖에서 보이는 파사드 디자인이 점점 더 중요해질 수밖에 없다.

파사드 디자인은 주변 다른 공간과 차별화되어야 한다. 판매하는 상품이나 서비스, 목표 고객층, 그리고 내부의 인테리어와 조화를 이루는 디자인이 효과적이다. 하지만 외식 공간은 예술품이 아니라 상업 공간이므로 매출을 올리는 것이 목표가 되어야 한다. 공간의 전체적인 분위기와 컨셉이 하나의 흐름을 잘 유지하되 지나가는 고객들이 매혹될 만큼 매력적이어야 할 것이다. 점포를 선택하는 하는 고객의 입장에서 생각해봐도 '보기 좋은 떡이 먹기도 좋다'라는 말이 있듯 아주 개성적인 파사드를 가진 매장에는 왠지 한번 들어가보고 싶다는 욕망을 불러일으킬 것이다. 대부분의 고객들은 '직감적'으로 선택하기 때문에 아주 짧은 시간에 강한 인상 줘야 효과적이다. 생각 없이 지나가는 고객의 시선을 순식간에 사로잡아 공간으로 끌어들여야 한다. 고객이 파사드를 보는 것은 그야말로 순간의 시간이므로 파사드 디자인은 한눈에 들어올 정도로 강렬하게 어필해야 한다.

외부 파사드를 설계하는 포인트는 외벽의 디자인과 간판, 주차장 등이다. 외식 공간의 외부 파사드는 잠재고객이 별다른 노력을 기울이지 않더라도 쉽게 찾을 수 있도록 디자인되어야 한다. 다양한 계층의 고객을 대상으로 하는 음식업은 점포의 앞을 지나는 고객이 보이지 않는 내부의 컨셉을 느낄 수 있도록 설계해야 한다. 외부 파사드는 일단 디자인이 독특해야 한다. 목표 고객들이 선호하는 디자인이어야 한다. 잠재고객들을 유혹하는 매력을 가지고 있어야 한다. 파사드만 봐도 그 점포의 컨셉과 상품, 서비스가 연상되어야 한다.

고객은 단 3초간의 첫인상으로 공간의 방문을 선택한다. 결국 고객을 끌어들이기 위해서는 고객에게 강한 인상을 남기는 외부에서의 강한 매력이 고객을 끌어들이는 첫 번째 관문이 된다고 볼 수 있겠다. 사실 이 문제는 상당히 중요한 문제다. 왜냐하면 공간을 활용하는 비즈니스는 특성상 아무리 상품이 좋아도 일단 고객이 들어와야 매출이 발생되기 때문이다.

외식 공간의 간판은 파사드만큼 중요하다. 그러므로 개별적으로 설계되어서는 효과가 떨어진다. 파사드와 연계해 2가지 요소가 하나로 느껴지게 디자인해야 한다. 간판의 디자인은 파사드

241

의 디자인을 더 강조해주는 역할을 하게 된다. 파사드와 간판은 외식 공간이 잠재적인 고객들과 만나는 접점임에도 불구하고, 소홀히 취급하고 있는 점포가 의외로 많다. 매장의 출입구는 고객의 출입이 쉬워야 한다. 출입구가 고객의 진입을 부담스럽게 하는 장애물이 되면 안 된다.

외부 공간을 잘 조성하는 것은 모객에 효과적이다. 공간적 여건이 된다면 테라스는 무조건 설치하는 것이 좋다. 출입구는 가급적 넓고 개방적이어야 신규 고객의 진입 장벽을 낮출 수 있다. 출입문은 시각적으로 돌출이 되거나 컬러나 마감재로 강조가 되는 것이 효과적이다. 매력적인 파사드 디자인은 고객을 끌어들이는 역할을 하므로 전략적인 브랜드 공간 전략이 필요하다.

접대수요가 많은 일식당의 공간 기획이다. 플렉시브한 룸의 구성이 핵심 경쟁력이다. 일단 홀로 사용하면서 단체 모임 예약이 생기면 독립된 공간을 구성하는 것이 용이하게 기획한다. VIP를 위한 독립된 룸은 일본식 정원 안에 별도로 배치했다. 다양한 고객의 니즈에 대처하기 위한 융통성 있는 공간 설계다(컨셉 개발/공간 기획/공간 설계 : 카나트 컨설팅).

05

주방 공간부터
설계하라

그동안 다양한 외식 공간을 설계한 경험에 의하면, 주방 공간의 설계를 주방 기구 판매업체에게만 맡겨서는 안 된다는 것이다. 그 업계를 신뢰하지 못한다는 의미가 아니라 주방 공간을 바라보는 관점이 다르기 때문이다. 공간의 컨셉과 매장 운영방법, 메뉴의 조리방법을 고려해 공간의 컨셉을 표현하면서도 인력을 줄여주는 주방을 설계해야 한다. 결론적으로 효율적이고, 매출 상승에 도움이 되는 주방을 만들기 위해서는 주방과 인테리어를 통합적인 컨셉으로 일관되게 설계해야 한다.

주방 공간의 설계 진행순서는 제일 먼저 메뉴가 확정되어야 한다. 그리고 그 메뉴의 조리 방법이 결정되어지고, 그 조리를 생산할 조리 기구를 선정해야 한다. 그다음에는 그 메뉴를 담을 그릇을 정해야 하고, 그 음식들이 상에 차려지는 상차림을 어느 정도 결정해두어야 한다. 이와 동시에 물류와 유통에 대한 장기적인 공급 계획이 동시에 세워져야 저장고의 규모를 결정할 수 있다. 그 후에 주방 공간의 설계가 진행될 수 있다. 주방 공간의 설계가 80% 이상 확정이 된 후에야 비로소 내부 공간 설계가 진행될 수 있다.

따라서 주방 설계는 음식점의 특성을 결정짓는 중요한 기본 요소다. 이처럼 주방 공간의 설계는 판매되는 메뉴의 종류와 품질, 수에 따라 주방 기기와 보조설비가 결정되고, 주방 기기가 설정되어야 진행할 수 있다. 효율적으로 주방 공간을 설계하기 위해서는 반드시 다음의 7가지 원칙을 지켜야 한다.

원칙 ① 카페, 외식 공간을 방문하는 고객들은 반드시 주방과 인테리어를 함께 둘러본다.

원칙 ② 주방 설계 착수 전에 메뉴 종류와 조리방법, 그릇 선정과 상차림을 먼저 결정해야 한다. 지금 당장은 아니더라도 향후 메뉴확장 가능성과 유통공급 계획을 반영해야 한다.

원칙 ③ 기본적으로 주방 설계는 과학적이고, 효율적이어야 한다. 점포 운영과 유기적으로 연결되어야 한다.

원칙 ④ 씨즐감을 줄 수 있는 퍼포먼스가 있는 조리 공간은 인테리어 공간의 포인트로서 설계되어져야 한다. 예를 들면 화덕피자의 화덕, 스테이크 전문점의 불타는 석쇠그릴, 중식당이나 파스타 전문점의 면 볶는 장면, 초밥집의 조리 카운터 등이 그것이다.

원칙 ⑤ 주방만 생각하지 말고 외식 공간 전체의 인테리어 컨셉과 통합해서 설계를 진행하는 것이 필요하다. 가마솥 밥을 짓는 경우 주방 밖으로 나와서 컨셉을 표현하는 방법으로 배치되어야 효과적인 것과 같다.

원칙 ⑥ 주방 설계의 핵심은 주방 인력의 감축과 생산성 향상임을 잊지 말라. 주방과 홀의 유기적인 동선계획에 따라 주방과 홀인원이 증감될 수 있다.

원칙 ⑦ 인력수급의 어려움을 해결하기 위해서는 하이테크 자동화 주방 설계가 유일한 답이다. 이는 매장에서도 하이테크 기술로 주방과 통합적으로 연계될 수 있도록 해야 한다. 터치패드형 주문단말기나 개별 주문식 초밥집, 테이블 온수기, 테이블 생맥주 공급기나 냉각테이블 등이 그 경우에 해당된다.

실속 떡갈비 한정식이라는 컨셉으로 외식 공간의 설계를 진행한 적이 있다. 프로젝트를 시작하기 전에 우선 해결해야 할 고민들은 다음과 같았다. 1층 매장인데 주방을 전면으로 배치할까, 주방 안쪽으로 배치할까? 떡갈비를 매장 전면에 별도의 공간으로 내세워 강조할까, 아니면 주방 안에서 조리할까? 가마솥밥을 홀 안에 설치해 씨즐감을 줄까, 주방 안에서 편리하게 할까 하는 것이었다.

이후 약 3개월간의 컨셉 공간 설계기간 동안 상기의 고민들을 다음과 같이 해결했다.

Q¹ 1층 매장인데 주방을 전면으로 배치할까, 주방 안쪽으로 배치할까?

매장의 규모가 실평수 100평으로 꽤 큰 규모였다. 점주는 카운터에서 주방 관리의 효율성을 생각하면 전면에 배치하는 것을 생각하고 있었다. 하지만 필자는 안쪽에 배치하는 주방을 제안했다. 공사비가 조금 더 드는 것은 사실이나 작은 매장도 아니고, 전체 투자비를 생각하면 5%도 안 되는 금액이다. 고객 관여도를 따지면 고관여 상품의 대표적인 업종인데, 직원관리나 관리의 편의성보다는 고객 편의성, 소음, 동선의 얽힘 등을 방지할 수 있고, 쾌적한 식사 공간이 될 수 있도록 주방을 안쪽으로 배치하자고 설득했다. 운영자 중심이 아닌, 고객 중심 공간을 설계하는 것을 추천한다.

Q² 떡갈비를 매장 전면에 별도의 공간으로 내세워 강조할까, 아니면 주방 안에서 조리할까?

시그니처 메뉴인 떡갈비를 중심으로 컨셉을 한정식으로 세우고 나니 매장 전면에 숯불을 피워가며 떡갈비를 굽는 모습을 전면에서 보여주자는 쪽으로 방향이 정해졌다. 씨즐감을 강조하기에는 효과적이라고 판단되었다. 하지만 점포가 위치한 상가가 20층 규모의 주거용 오피스텔의 1층 상가인지라 관리사무실과 입주민들의 반대가 강력했다. 게다가 건물 구조적으로 주방의 기존 건물에서 제공하는 내부 배기후드를 빼고 나면 떡갈비 전용후드를 별도로 설치할 공간도 없었고, 관리실에서 별도의 공사를 승인해주지도 않았다. 냄새나 소음, 숯가루 분진 등도 해결하기 쉽지 않은 문제 발생과 민원이 충분히 예상될 수 있음을 인지해서 전면배치를 포기하고, 주방 안에서 해결하기로 했다.

Q³ 가마솥 밥을 홀 안에 설치해 씨즐감을 줄까, 주방 안에서 편리하게 할까?

가마솥 밥은 실제로 한정식에서 핵심 중 핵심인 밥맛을 좌지우지하는 것이라 조금 불편하고, 전담 직원 한 사람이 별도로 필요해지는 것을 감수하더라도 가마솥 밥을 짓는 곳을 홀에 배치하기로 결정했다. 매장에서 식사를 하는 모든 고객들이 들어오고 나가고, 화장실을 가면서 '아! 내가 오늘 여기서 먹는 밥이 저렇게 정성껏 조리되고 있구나!' 보면서 느끼고, 실제로 먹으면서 '역시 그래서 맛있구나' 하고 감동하게 만들기로 결정했다.

주방 공간 설계는 주방 기구를 배치하고 설치하는 것이 아니다. 더 맛있게 메뉴를 만들 수 있는 공간, 주방 인력을 줄일 수 있는 설계, 직면한 문제를 하나하나의 문제로 분리해서 순차적으로 해결해 나갔다. 결과적으로 예쁘기만 한 공간이 아니라, 기능적이면서도 효율적인 주방 공간 설계를 해야 한다.

카페 같은 추어탕 전문점이 컨셉이다. 고객이 식당에 오래 머물게 하는 것이 목표다. 기존 식당의 기능들을 효율적으로 소화하면서 카페의 편안한 분위기를 연출하기 위해서 자재와 조명, 마감재 선택에 신중해야 한다. 프로젝트 비용이 더 들기는 하지만, 카페 분위기의 음식점은 고객들이 선호하는 공간이다(컨셉 개발/공간 기획/공간 설계 : 카나트 컨설팅).

06

설계 전 현장조사를
정확하게 하라

정확한 점포 컨디션 파악이 공사비용을 줄인다. 설계를 시작하기 전 선행되어야 하는 사항은 설계할 현장에 대한 정확한 파악이다. 우선 공간의 형태와 환경이 효율적인지를 파악해야 한다. 공사 진행 시 주변과의 트러블이 발생될 수 있는 요소가 있는지 꼼꼼히 체크해야 한다. 인테리어나 리모델링 공사 진행 시에는 건축 도면이 있더라도 현장 실측을 시행해서 현장 상태와 전용면적을 정확히 계산해 평면도면을 작성한다. 이 경우 건물의 구조나 전체 규모를 파악해야 한다.

지하공간이 있는지 확인하고, 천장 누수나 상하수도 및 스프링클러의 노후배관 누수나 이상이 없는지를 확인해야 한다. 상하수도와 수도계량기, 가스계량기, 정화조 위치를 확인하고, 주방 위치를 어느 정도 잡아둔다. 상수도의 수압체크와 하수의 막힘이나 악취가 있는지를 점검하고, 전기용량, 도시가스용량 등을 확인하고, 증설여부를 파악해야 한다. 기존 건물상의 하자, 안전성 여부, 실제 시공가능 규모 등도 체크해야 한다. 그리고 방화지역일 경우, 방화지역 관리부실로 영업허가가 되지 않는 경우도 있고, 1층의 점포일지라도 건물 규모가 일정 규모 이상일 시에는 방염 대상일 수도 있기 때문에 소방서나 관련 관리실 등에 확인할 필요가 있다.

특히 소방법이 영업허가와 오픈에 많은 변수를 줄 수 있으므로, 관할 소방서 예방과로부터 사전 점검을 받는 것도 시행착오를 줄이는 방법이다. 또한 정화조 용량도 체크해야 한다. 기존 사업자가 음식점으로 이미 영업허가를 냈으면 승계를 받을 수 있지만, 타 업종일 경우에는 관할 구청 위생과에 문의해서 정화조 용량을 확인 후 음식점으로 영업허가가 가능한지 파악해야 한다. 새로 정화조 공사를 시작할 경우 수백만 원대의 비용이 추가로 들 수 있으며, 이 비용을 임대인이 부담해야 할지, 임차인이 부담해야 할지도 임대 계약 시 미리 결정하는 게 좋다. 이런 것들이 사전에 파악되지 않은 상태에서 임대 계약을 할 시에는 분쟁의 요소가 된다.

주방 매장 등에서 다양한 전기 기구를 이용해야 하므로 점포에 할당된 전기용량도 체크해야 할 사항이다. 전기용량이 부족할 경우 증설 비용이 추가될 것이다. 가스도 마찬가지다. LNG(도시가스)인지, LPG(프로판가스)인지 점검해야 하며, LPG라면 가스통을 놓을 수 있는 위치를 파악하는 게 좋다. 간혹 작은 분식집 등의 경우 가스통을 놓을 자리가 없어 점포 전면에 설치하게 되어 위험한 인상을 주거나 점포 전면 시야를 가로막는 경우도 있다. 주방에는 환기 시설이 들어가야 하므로 덕트와 관련된 환기 시설 여건도 파악해야 한다. 환기구나 환풍기의 위치가 어떻게 되는지, 새로 환기 시설을 해야 할 경우, 환기구를 어느 쪽으로 내야 하는지도 봐야 한다. 이 밖에 음식점이 꼭 체크해야 할 게 화장실이다. 공동 화장실인지, 개별 화장실인지 화장실을 추가로 설치해야 하는지 여부도 추가비용 발생에 영향을 미친다. 미처 생각지도 못했던 추가금액이 조금씩 추가로 발생하게 되면, 예상했던 투자비를 훌쩍 넘어선다. 매장 임대 계약 전에 설계자와 최대한 정확하게 조사를 해야 나중에 큰 손실을 방지할 수 있다.

외식 공간을 창업하는 데 있어서 점포 임대비용만큼이나 큰 비용이 시설비용이다. 점포 임대비용은 계약기간이 만료되면 대부분 회수가 가능한 비용이지만, 시설 투자의 경우 계약 기간 내에 회수하지 못하면 매몰비용이 되기 쉽다. 그러므로 자가건물에서 식당을 창업하지 않는 이상 꼭 필요한 투자 외에는 가급적 시설 투자 비용을 절감해야 한다. 하지만 투자 비용을 줄인다고 해서 고객들을 위한 편의공간인 인테리어 비용을 삭감한다거나, 주방 설비를 하급품을 써서는 비용 절감이 아니라, 사업 컨셉 자체가 무너질 우려가 있다. 그렇다면 어느 부분에서 비용

253

을 절감할 것인가?

대부분 창업의 성패는 점포임대 단계에서 80% 이상 결정된다. 그만큼 점포 선정 개발이 중요하다. 점포의 선정 및 개발에는 상권이나 입지의 분석도 중요하지만, 건축물 내에 존재하는 기반시설의 확충상태를 보는 것도 비용 절감 측면에서는 상당히 중요한 일이다. 필자의 실무 경험에서 보면 국내 유명 외식기업들의 경우에도 아주 사소한 것을 사전에 체크하지 못해 적게는 수백만 원에서 크게는 수천만 원의 추가비용을 낭비하는 것을 여러 번 목격했다.

설계하기 전 반드시 체크해야 할 7가지 기반시설 포인트

1. 해당 건물 관련 서류 확인부터 하라

우선 등기부등본으로 정확한 실면적을 확인하라. 그다음에는 건축물관리대장공부를 확인해 건축물과 외부 공간을 정확하게 인식한다. 필요에 따라 주방 뒤의 공간이나 주차장 점유, 테라스 확보, 야장 확보, 사인물 설치 위치 확인 등에 필요하다. 정화조 용량도 확인하라. 그 외에도 건물의 빈 틈새 공간을 찾아내어 저장고로 활용할 수 있어야 한다. 현재 불법건축물이 없는지 확인하고, 반드시 양성화 시킨 후 임대 계약을 체결해야 한다. 십중팔구는 새로 오픈하면 실사점검이 나오게 된다. 이때 관할관청 실사 담당자는 등기부등본과 건축물관리대장을 들고 와서 확인한다. 이 경우 불법 건축물은 무조건 발각된다고 보면된다. 다음 수순은 철거다. 관련 서류는 확인하지 않은 채 부동산 중개인의 말만 믿고 매장면적이 70평이라고 알고 점포계약을 했는데, 뒤편 20평 정도의 주방이 불법건축물이었다. 결국 매장은 50평으로 줄어들었고, 사업전개에 큰 문제가 발생하게된 경우가 있다.

2. 계약서 작성을 최대한 자세하게, 꼼꼼하게 하라

건물 임대주와 아무리 구두상 약속을 했다고 해도 서류로 남지 않으면 나중에 이를 주장하기가 힘들다. 따라서 기존 시설 철거문제, 누수문제, 배관문제, 기타 수리 등의 사소한 사항이라도 꼭 계약서에 기재하도록 하고, 계약사항 위반 시의 위약금 등도 기재하는 것이 좋다. 그리고 계약서 작성 시 부동산 중개대상 확인서에 일반음식점을 한다는 것을 서면으로 명시해야한다. 관할구청 전담부서에 전화를 수시로 해 각종 영업허가사항에 관련된 문제를 질의하는 것이 필요하다. 특히 정화조 용량은 관청에서도 매우 민감한 문제이기 때문에 임의로 부동산 중개사무소나 공사업체 관계자 등 주변 사람들의 말만 믿지 말고, 직접 확인하는 수고스러움을 아끼지 말아야 한다. 또한 기존 점포에 비치되어 있는 비품이나 공용 부위에 설치되어 있는 비품목록도 정확히 작성한다. 추후 분실 시 서로 책임소재를 판단하는 근거가 된다.

계약 만료 후 원상회복 문제를 확실히 결정하고, 입주 시 점포의 현황사진을 찍어 놓고 보관해두어야 한다. 현재 공용부위 및 임대점포의 건축물 하자에 대한 부분과 하자수선에 대한 부분도 계약서에 책임소재를 명시해 확실히 한다. 또한 건축물 용도 변경 상황발생 시 누가 비용을 부담할 것인가도 계약서에 정확하게 기입하라. 입점 당시 건물 내부, 외부 현황사진을 촬영해 계약서에 첨부해 상호 보관하기로 한다.

3. 영업허가 또는 신고 관련 장애요소들을 찾아내라

쉽지 않은 일이긴 하지만 창업할 점포가 필요한 최소 면적과 주방 위치와 필요한 설비, 카운터 위치와 홀의 간략한 배치, 화장실 문제, 덕트설비가 어느 정도 구체화되어 있는 기획 설계 단계의 도면을 점포 물색 전에 만들어서 가지고 다녀라. 그래야 점포를 정확하게 볼 수 있다. 결국 기획 설계도는 향후 설계의 기준이 되는 표준도면이므로 기획 설계 비용을 지불하더라도 미리 준비해두길 권장한다. 그 설계도를 기준점으로 삼고, 시청 또는 구청의 보건위생과에 점포주소를 알려주고, 영업허가에 장애요소가 있는지 반드시 확인하라.

그와 동시에 식당을 영업하기 위한 건축물 용도 변경 확인 및 정확한 임차면적을 확인하고, 계약면적, 전용면적, 실제면적, 건축물관리대장과 일치하는지 재확인한다. 또한 인허가사항인 간판의 디자인 및 입간판, 돌출 간판 등 설치허용 규제사항에 대한 검토도 사전에 해야 한다. 그리고 건물 내 주차장 이용 문제 인근 유료 주차장 제휴 문제 등을 확인한다. 특히 영업 허가 및 신고에 직접적으로 관계되는 정화조 용량, 소방방염필증 대상 여부, 소방시설 완비증명서, LPG 또는 LNG가스안전필증, 한국가스안전공사 액화석유가스 사용시설 완성검사 필증 등의 필요유무를 확인해야 한다. 또한 벽체 철거 및 바닥슬라브 철거, 내부 계단 신설 등의 대수선공사에 해당하는 리모델링을 진행해야 한다면, 일단 건축사 사무소를 선정해 협의하는 것이 필요하다.

이러한 건축물구조 변경공사는 건축법상 신축에 준하는 인허가가 필요한 사안이기 때문이다. 노후된 건축물의 경우, 별도의 구조안전진단이 필요할 수도 있다. 도시미관지구에 편입되어 있는 경우에는 외장 디자인이 해당 관청의 미관 심사를 통과해야 한다. 하지만 미관 심사는 대부분 한 달에 한 번 정도 열리므로 공사기간 및 오픈일정에 지대한 영향을 미칠 수 있다. 또한 적합한 건축물 용도 지정이 되어 있는지 확인하고, 필요시에는 건축물 용도 변경을 해야 할 수도 있다.

4. 냉난방 방식, 공조 방식, 주방 설비부터 결정하라

점포 계약 전에 냉난방기기 및 방식, 덕트의 사용 유무를 결정해야 한다. 그리고 주방에 필요한 설비의 에너지원과 용량을 결정해야 한다. 그래야 전기용량, 가스용량, 덕트 및 에어컨 실외기 위치 선정 등을 결정할 수가 있기 때문이다. 사소한 문제라고 여겨질 수도 있지만, 번화가의 경우 에어컨 실외기와 덕트 브로아를 놓을 위치를 잡기가 결코 쉬운 일이 아니다. 가스도 LPG인지, LNG인지, 건물에 들어와 있는지를 확인해야 한다. 도시가스가 건물에 들어와 있지 않다면 큰 추가비용이 발생하게 될 수도 있다. 또한 임대 점포 아래층에 영업을 하는 점포의 유무도 사전에 점검해야 한다.

5. 도시 기반 시설용량 증설을 검토하라

도시 기반 시설물들인 가스 증설량, 전기승압 및 증설량을 미리 산출하라. 경우에 따라 그 비용이 상당하다. 그러므로 주방에 들어갈 설비를 미리 계획하고, 가스사용량 정기사용량을 산출하라. 냉난방기기도 어느 제품을 선정하느냐에 따라 가스나 전기의 소비량을 산출하라. 덕트의 개수 및 용량, 조명기구, 콘센트 등 전기소비량도 산출하라. 그리고 상하수도 배관도 살펴보라. 배관의 관경과 집수구 위치, 계량기 위치 등도 확인해야 한다. 수압도 체크해서 필요하다면 승압을 해야 한다. 승압도 추가비용이 든다.

6. 합법적으로 사용할 수 있는 틈새 공간을 찾아내라

특히 식당에서 가장 필요한 것이 1층 점포의 경우 주방 뒤 공간이다. 주방 뒷마당을 적절하게 활용하면 상당히 효율적인 점포가 될 수 있다. 원칙적으로 주차장으로 배정된 공간은 주차장으로만 사용할 수 있다. 하지만 건물상황에 따라 불법 건축물을 짓지는 않더라도 여러 가지 용도로 주차장을 잘 활용하는 사례가 많다. 일단 주방 설비의 규격을 확인해보고, 매장으로 들어가는 통로가 확보될 수 있는지 확인하라. 공사를 다 해놓고 주방 설비가 들어갈 문이나 창문이 없어서 다시 벽을 헐고, 주방 기구를 넣는 경우도 빈번하다.

7. 점포 개발 전에 기획설계부터 하라

점포도 확정되지 않았는데 기획 설계를 하라고 하면 무슨 소리냐고 할 것이다. 하지만 그게 비용 절감 포인트다. 만약 30평 정도의 레스토랑을 창업하기 위해 점포를 찾는 중이라면, 가상의 점포를 30평 기준으로 레이아웃을 해서 기획 설계도를 만들어야 비용이 절감된다. 그 설계도를 가지고 다니면서 점포를 물색해야 한다. 초기 설계비가 들겠지만, 작게는 수백만 원에서 크게는 수천만 원의 비용을 절감해주는 필수도구라고 생각해야 한다. 제대로 자리 잡힌 프랜차이즈 본부나 외식 기업들은 당연히 기획 설계도를 들고 다니면서 점포를 개발한다. 이미 컨셉과 기획서가 장착되어 있어 기획 설계도가 있으면 합리적인 선택을 하는 것이 가능해진다.

작은 규모의 식당은 겨울철에 출입구 주변의 바람이 큰 고민이다. 그래서 출입문 앞자리는 가장 기피하는 자리가 된다. 출입문 바로 앞에 바람막이 파티션을 설치하니 겨울철 바람을 효과적으로 막아준다. 그리고 바람막이 파티션 뒷자리는 가장 먼저 앉는 자리가 되었다. 파티션 하나가 매장의 공간 활용도를 높여준다(컨셉 개발/공간 기획/공간 설계 : 카나트 컨설팅).

07

예산 계획에 맞는
설계를 하라

'공간 디자인을 제대로 하려면 돈이 많이 든다'고 생각하는 사람들이 많다. 일단 예산에 대한 기준이 있어야 비싼지, 안 비싼지에 대한 판단이 가능할 것이다. 따라서 프로젝트 진행에 비용이 얼마가 들까를 생각하기 전에 내가 투입 가능한 예산이 얼마인지를 먼저 결정해야 한다. 예산이 기준이 되기 때문이다. 기준을 먼저 정하고 비용 절감 방법을 생각하는 것이 바른 순서다. 물론 아무것도 안 하는 것보다는 디자인을 해서 실행을 하면 비용이 발생하는 것은 사실이다. 그렇지만 돈 많이 드는 디자인이 반드시 좋은 디자인인 것은 아니다. 저렴한 자재로도 얼마든지 좋은 디자인은 가능하다. 공간 기획 컨설팅을 진행하다 보면 가장 현실적으로 부딪히는 문제는 결국 '한정된 예산'이다. 한정된 예산계획을 정확하게 세우는 것이 우선이며, 그 예산에 적합한 공간을 디자인할 수 있다. 한정된 예산 안에서 최고의 효과를 얻으려면, 예산을 효율적으로 사용하는 공간 디자인이 필요하다.

공사비에 있어서 흔히 말하는 평단가라는 기준을 알아야 할 필요가 있다. 평단가는 사실 정확하지 않은 견적 산출법이므로 실제 견적을 산출하거나 계약 시에 사용하는 것은 피해야 한다. 다만 건축주가 이해하기 쉽게 설명을 위한 도구로써 평단가를 사용하기로 한다. 한마디로 평단가란 비전문가적인 소비자의 입장을 고려해 견적 금액을 쉽게 이해할 수 있도록 전체 공사비를 전체 평수로 나누어 단가를 책정한 것을 말한다. 예를 들어 50평 공간을 공사한다면, 50평 공간 전체에 균일하게 평당 100만 원의 공사비용을 투자하지 말라는 것이다. 외장이나 출입구 부분 및 강조하고자 하는 특정 부위에만 집중적으로 예산을 투자하고, 창고나 주방 등 보이지 않는 곳은 가능한 저렴한 자재와 시공방법을 채택해 기능적이고, 실용적으로 디자인하면 비용을 절감하면서도 훨씬 더 좋은 결과를 기대할 수 있다.

포인트 부분에만 고급 마감재를 쓰는 지혜가 필요하다. 공사비용 중 가장 많이 지출되는 부분이 최종마감재 부분이다. 시공기술도 중요하지만, 마감재 자체의 비용은 천차만별이다. 공간의 성격을 결정짓는 부분에는 과감한 투자를 하고, 아닌 부분에는 대체자재를 이용해 효과를 극대화하는 게 현명한 방법이다. 일례로 대리석을 보자면 천연대리석은 느낌이 고급스럽고, 내

구성이 강하지만 가격이 높아 접근이 쉽지 않다. 그렇다면 이미 지월 같은 포인트 부분에는 천연대리석을 사용하고, 기타 부분에는 대리석 느낌이 나는 자기질 타일을 사용해도 무방하다. 전문가인 업계 관계자들도 간혹 착각을 일으킬 정도로 섬세한 제품이 얼마든지 생산이 되고 있기 때문이다. 또한 공기의 단축은 야간작업을 해야 하는 상황이 발생하고, 그에 따른 비용 또한 만만치 않으므로 충분한 배려가 있어야 하겠다.

건축주가 직접 공사를 주관하게 되면 비용을 절감할 수 있지 않을까? 건축주가 이미 공사에 대한 경험이 많다면 괜찮지만, 경험이 없다면 오히려 건축주의 고통을 자초하는 결과를 초래하기도 한다. 자재수급의 어려움, 고단가, 공사기간 지체, 시행착오, 시공능력의 결여, 스트레스 등 오히려 돈은 돈대로 들고, 결과물도 어설픈 상황이 되기 쉽다. 주변을 봐도 성공 사례보다는 실패 사례가 더 많다. 건축주가 직접 진행하기보다는 공간 기획 컨설팅 SPM방식을 활용하는 것을 추천한다.

효율적인 공간 투자 포인트 3가지

1. 외장

도시미관 정비로 인해 간판의 규제가 엄격해지고 있으므로 점점 더 외장에 대한 계획이 중요성을 더해간다. 아무리 좋은 상품력과 서비스를 준비하고 있더라도 일단은 고객이 공간을 찾아와야 하는 것이기 때문에 효과적으로 고객에게 노출되는 것은 상당히 중요한 문제다. 원거리에서 고객들의 눈에 확 띄는 외장 디자인에는 공사 예산을 집중적으로 투자해야 하는 것이 첫 번째 포인트다.

2. 인포메이션

일단 매장에 들어서면 가장 먼저 접하게 되는 것이 인포메이션이다. 즉 그 공간의 첫인상이라 할 수 있는 장소다. 인포메이션 카운터는 주로 점장이나 점주가 대기하면서 고객을 제일 먼저 환대하는 장소다. 방문 인사부터 자리 안내, 마지막에 계산까지 이뤄지는 키포인트 공간이라고 할 수 있다. 방문자들의 첫인상과 마지막 마무리가 이뤄지는 장소인 만큼 매장의 브랜드와 사업 소개, 메뉴 소개, 이벤트 소개 등이 동시에 이뤄져야 할 것이다.

3. 포인트 벽

대부분 직사각형 매장에는 4개의 벽체 면이 존재하는데, 그중 한 면이나 두 면은 외부와 통하고, 두 면 내지 세 면은 내부 벽체가 된다. 매장에 고객들이 머물게 되면서 계속 바라보게 되는 부분이라 공간 내부의 분위기를 결정하는 부분이다. 공간 이미지를 표현하는 디자인이 적합하며, 브랜드 홍보나 제품의 홍보 등도 적절이 이뤄지는 것이 효과적이다. 프리미엄 공간일 경우에는 재질이 뛰

어난 고가의 마감재를 쓰는 것이 좋고, 퍼블릭한 공간은 중저가
의 유지보수 관리가 편리한 자재를 선택하는 것이 좋다. 누구나
예산은 한정적이지만, 적은 예산으로도 큰 효과를 내는 디자인도
있고, 돈은 돈대로 쓰고도 좋은 결과를 내지 못하는 공간도 많다.
예산이 한정되면 그 안에서 최대한 아이디어를 짜내서 디자인을
연구하는 것이 가장 바람직한 방향이라고 생각한다.

업종을 불문하고 모든 식당 공간이 카페 형태로 빠르게 변화 중이다. 반대로 카페들은 점점
더 식사 음식을 파는 방향으로 가고 있다. 향후에는 카페 같은 음식점과 음식을 많이 파는
카페가 공존하는 상황이 많아질 것으로 예측된다. 이 모든 것은 고객이 원하는 라이프스타
일을 향해서 변화해가는 것이다(컨셉 개발/공간 기획/공간 설계 : 카나트 컨설팅).

08

설계와 공사는
분리해서 계약하라

설계 계약을 먼저 하고 정확하게 설계를 먼저 해야 한다. 공사업체가 설계하는 설계는 자신이 공사하기에 유리한 공사용 설계를 한다. 조금 더 공사 수익이 많이 나는 설계를 한다. 조금만 상식적으로 생각해보라. 당연한 것 아닌가? 그럼에도 불구하고 건축주들은 공사업체가 무료로 해주는 설계를 공짜라는 이유로 선호한다. 그런데 잘 생각해보라. 그것은 절대 싼 게 아니다. 결국 나중에 다 받아내는 비용이다. 공사업체들이 바보가 아니지 않는가? 오히려 생각 없이 공사업체에 설계까지 몽땅 맡긴 사람이 바보다. 그 순간 건축주는 사실상 아무것도 결정할 수가 없게 되는 것이다. 공간 프로젝트의 지휘권을 잃어버리면 통제할 수 없는 상황으로 전개된다. 결정권도 없고, 관리 통제력도 다 빼

앗긴 채 시공자가 돈을 달라고 할 때 이유도 묻지 못하고 돈을 지불해야 하는 인간 현금 인출기 역할만 하게 된다. 그런 상황은 공사업체가 설계까지 하게 될 때 발생할 가능성이 매우 높다.

조금만 차분하게 생각해보자. 공사업체가 설계를 해도 직원 인건비든, 외주비용이든 무조건 설계 관련 비용이 발생하는데, 그것을 왜 공짜로 해주겠는가? 공사에서 이윤이 있으니까 하는 것이다. 설계비를 무료로 해주고 공사하면서 그 설계비를 다 받아내는 것이다. 그런데 실상은 훨씬 더 많이 받아낸다. 왜 그런가 하면 설계권을 공사업체가 쥐고 있기 때문이다. 설계권은 단순히 도면을 그리는 권리가 아니다. 공사비, 자재 품질, 공기, 공사업체 수익을 아무도 관리 통제하지 못하는 독점 권리를 부여하는 것이다. 독점권 같은 설계권을 공사업체가 쥐고 있으면 얼마든지 공사내용과 자재를 변경하는 것이 가능하다. 고양이한테 생선을 맡기면서 "절대 먹으면 안 돼!" 하고 말하는 것과 다를 게 없다. 처음부터 하자가 날 상황을 만들어 놓고 프로젝트를 시작하면 하자나 분쟁이 발생하는 것이 당연하다.

조금만 차분하게 논리적으로 생각해보면 금방 알 수 있을 것이다. 대부분 싸다는 이유로 고양이한테 생선을 맡긴다. 그러고 나서 결국 분쟁이 발생한다. 그러면 그건 더 이상 싼 게 싼 것이 아니다. 오히려 가장 비싼 선택을 한 결과가 되는 것이다. 상식적으로 판단해보자. 생선을 먹은 고양이가 나쁜 고양이인가? 생선을 고양이한테 맡긴 주인이 멍청한 것인가? 공사 계약 시에 금액을 깎으면 바로 자재를 한 등급 아래로 쓴다. 아무도 통제하고, 관리하지 않기 때문에 얼마든지 가능하다. 만약 정확한 설계도면이 있고, 견적서와 계약서에 구조자재, 마감재, 제품명, 모델명, 등급, 단가 등이 명기되어 있고, 그 변경 사실을 설계자가 감리 과정에서 발견했다면, 그것은 민사도 아니고 형사 고발 건으로 접수가 가능한 일이다. 사기횡령에 해당하기 때문이다. 그런 엄청난 일을 다 눈감아 주겠다고, 기꺼이 용인하겠다고 건축주가 스스로 승인하는 일이 바로 공사업체에게 설계권을 주는일이다. 설계업체에 의뢰하면 도면 조금 그리는데 돈을 많이 받는다고? 그것을 공사 업체는 무료로 해준다고? 아니다. 절대로아니다. 결국은 그게 더 큰 손해를 보는 것이다.

　공사업체가 왜 손해를 보려고 하겠는가. 건축주는 설계비도 아끼고, 공사비도 아꼈다고 흐뭇해할지도 모르지만, 본인만 아무것도 모르는 상황에서 설계 변경을 자유자재로 하면서 시공자가 선택한 자재로 공사업체가 하고 싶은 대로 공사가 진행되는경우가 많다. 명확한 기준도 없이 관리 통제가 되지 않는 상황을건축주가 스스로 만들고 만 것이다. 그야말로 스스로 제 무덤을파고 들어가서 스스로 흙까지 덮는 것이다. 결국 공사업체가 공짜로 해준 어설픈 설계도로 공사를 하니까 분쟁이 발생하면 건축주가 무조건 지는 것이다. 애초에 모든 임의 결정권, 결정 대리권을 다 넘겨준 것이나 마찬가지이기 때문이다. 처음에는 관계가 좋으니까 계약을 하고, 공사비를 지불한 것이다. 하지만 공

269

PART **06** 컨셉을 구체적으로 표현하는 공간을 브랜딩하라 ③ - 공간 설계

사는 진행하다 보면 당연히 의견 차이가 날 수밖에 없다. 이 또한 당연하다.

건축주는 공사를 진행하면서 다른 곳도 가보고, 책도 보고 검색도 하면서 계속 좋아 보이는 것들이 눈에 들어온다. 그래서 수시로 더 좋은 것을 제안한다. 처음 시작할 때는 아무것도 모르고 결과가 상상이 안 되니까 다 알아서 잘해주세요 하면서 설계도도 대충, 견적서도 대충, 계약서도 대충대충 진행한다. 하지만 공사를 진행하면서 건축주가 눈이 뜨이는 것이다. 막대한 공사비가 투입되기 시작하고, 가는 곳마다 눈에는 좋은 것, 예쁜 것들만 골라서 쏙쏙 들어온다. 공사비용이나 자재비용에 대한 감이 없으니 이렇게 세상에 좋은 것들이 많은데, 우리 집 공사만 형편없어 보인다. 그때부터 더 열심히 자재 파는 곳과 인테리어가 잘된 카페, 호텔 등을 찾아다니면서 열심히 사진을 찍어 온다. 그럴수록 왠지 모를 억울함과 화가 치민다. 어디선가 보고 온 디자인 사진과 마감재 카탈로그를 건네면서 바꿔달라고 요청한다.

공사업체 입장에서는 황당한 일이다. 마감재나 디자인은 대부분 공사가 진행되기 전에 미리 사전 준비를 하는 것이기 때문이다. 사전 준비를 한다는 것은 미리 자재를 구입해둔다는 것이 아니라 자재의 선택에 따라 기본 골조 공사나 바탕 베이스 공사의 시공법이나 마감처리 방법이 달라질 수 있다는 의미다. 실제로 건축주의 말처럼 단순히 마감재만 바꾸면 되는 간단한 일이 아닐 경우가 대부분이다. 이런 상황에서 추가된 자재비 이상의 공사비를 청구하는 것은 전문가들이라면 이해가 갈 것이다. 하지만 건축주는 이런 상황을 전혀 이해하지 못하고 지식이 없으니까 서로 분쟁이 생기는 것이다. 이런 경우 안 된다고 거부하는 공사업체나 추가비용 청구 및 추가공사 계약서 작성을 사전에 요구하는 업체는 대체로 양심적이고 정확한 업체다. 반대로 순순히 "예, 바꿔드릴게요" 하고 추가비용에 대한 청구를 하지 않고 말없이 교체하는 시공자가 문제 발생 소지가 많다. 결국은 추가 공사비용을 청구할 것이기 때문이다.

왜 시공자는 처음에 추가비용에 대한 이야기 없이 추가공사 계약도 없이 순순히 교체했을까? 대부분 공사업체는 본공사보다 추가공사로 돈을 번다고 해도 과언이 아니다. 어차피 아무리 비싸게 청구해도 다른 업체를 시킬 수는 없다는 것을 알고 있기 때문이다. 무상으로 교체해주는 줄로만 알았다가 거액의 추가공사비 청구서를 받아들면 건축주는 황당할 것이다. 추가공사비는 절대 인정 못하겠다고 건축주가 강하게 거부하면 그날로 현장에서는 작업자들은 사라지고, 현장 문은 굳게 닫히게 될 것이다. 추가공사비를 지급하지 않으면 더 이상 공사를 진행 못한다고 말하고는 전화도 받지 않는다. 이게 무료 서비스 설계도의 실체다.

그래도 무료 설계비가 싼 것인가? 반드시 설계 전문가에게 의뢰해라. 설계 계약부터 하고 진행하라. 설계자와 공사업체는 분리해라. 경험 없는 건축주가 설계나 공사 관련 지식이 부족한 것은 당연하다. 그것은 큰 문제가 되지 않는다. 하지만 권한의 위임과 통제 관리는 다른 문제다. 설계자나 시공자 어느 편에도 흔들리지 않고, 건축주가 자신의 의지대로 프로젝트를 성공적으로 완수하려면 반드시 견제 세력을 두어야 한다. 설계자와 시공자가 상호 보완하면서 좋은 공간을 만들어낼 수 있게 시스템을 구축해야 한다. 설계와 시공을 분리해서 진행하면 칼자루를 건축주가 쥐게 된다. 반대로 시공자가 설계도 하고, 시공도 하면, 건축주는 할 수 있는 게 아무것도 없다. 그저 시공자가 너그러이 잘해주기만을 바랄 수밖에 없다. 반드시 컨셉을 개발하고, 공간을 기획하며, 설계를 진행하고, 완성된 설계도와 마감재 스펙 북으로 다수의 시공업체에 동일한 견적 조건하에 견적을 취합해야 한다. 기억하라. 공사를 하면서 분쟁이 나는 것을 원하지 않거나, 경제적으로도 절대 손해 보고 싶지 않다면 설계자와 시공자를 분리해서 각각 다른 회사와 계약해야 한다. 그래야 건축주가 칼자루를 쥘 수 있게 되는 것이다.

가장 효율적으로 공간 프로젝트를 진행하는 방법은 무엇일까? 첫째, 인맥에 의한 지인과 공사를 계약하는 것은 가급적 신중해야 한다. 우리 주변에서 인테리어 업체를 찾는 것은 식은 죽 먹기보다 쉽다. 한두 사람에게만 알아보면 인테리어를 한다는 사람을 찾기는 어렵지 않게 발견할 수 있기 때문이다. 기획이나 설계는 지인과 계약하는 것이 유리할 수도 있다. 하지만 공사는 다르다. 인맥에 의해 지인에게 공사를 맡기려는 것은 아는 사람이니까 그나마 아는 사이니까 믿을 수 있다고 생각하는 것이다.

하지만 신중하게 결정해야한다. 아무리 지인 또는 지인 소개라고 하더라도 손해 보면서까지 일을 해주지는 않을 것이다. 단순히 지인이라는 이유로 구두 계약으로 진행한다거나 공사 품질이나 비용관리를 소홀히 하면 안 된다. 비용을 줄이는 것도 중요하지만, 그 업체의 실력을 검증할 수 있는 수순을 거치고 결정해야 한다. 막연히 아는 사람이라고 해서 공사를 맡겼다가 나중에 마음에 안 들면 모르는 사이보다 더 서로 난처한 상황이 될 것이다. 지인과의 공사 계약 관련 분쟁이 의외로 많이 발생한다. 사람은 다 생각이 다르고, 관점이 다르기 때문에 크든, 작든 의견 차이가 분명히 존재할 것이기 때문이다.

어떤 업체를 선정해야 할까? 막상 업체를 선정하려 이곳저곳 알아보고, 견적도 받아보지만 명확한 기준이 없기 때문에 창업자의 불안한 마음은 쉽게 지울 수 없는 것이 현실이다. 그래도 업체는 선정을 해야 하기에 좀 더 믿을 수 있는 업체를 선별하는 방법을 생각해보자.

첫 번째, 기획과 설계자를 선정 시에는 꼭 만나서 이야기해봐야 한다. 업무에 대한 생각을 들어봐야 한다. 방향을 제시할 수 있는 전문가인지 파악해야 한다. 전문가다운 신뢰가 느껴지지 않으면 절대로 함께 일하면 안 된다. 다양한 주제로 대화를 해보면 진짜 전문가인지, 장사꾼에 불과한지 어느 정도 파악이 될 것이다. 신뢰감 있어 보이고, 업무에 관해서는 정확하게 원칙을 세우고 설명하는 공간 기획자를 선택하라. 원칙이 있는 전문가는 웬만해서는 실수하지 않는다. 기획자와 설계자는 동일인이 효율적이다. 단, 기획, 설계와 시공은 반드시 분리되어야 한다. 그래야 건축주가 통제할 수 있다. 제대로 된 설계만이 비용을 통제하고 품질을 관리할 수 있다. 제대로 된 견적서와 제대로 된 계약서가 분쟁을 방지한다는 것을 명심해야 한다.

두 번째, 공사업체를 선정하는 경우에는 상식적으로 너무 싼 견적을 제시하거나 요구하지도 않는 서비스를 많이 제시하는 업체는 오히려 경계를 해야 한다. 물론 싸고 만족스러운 공사가 된다면 저렴한 업체를 선정해야겠지만 건축, 인테리어 공사의 원가비용은 어느 공사업체든 비슷하다. 전문업체가 구입하면 훨씬 더 저렴하게 할 것 같지만, 현실은 그렇지 않다. 큰 차이가 없다. 인터넷 온라인 비즈니스의 시대다. 온라인 이상 저렴한 자재는 없다. 온라인보다 단가가 싼 업체는 그만큼 공사의 부실요인이 있을 수 있으며, 때로는 동맥 경화 상태인 자금 유통을 위해 무조건 싼 견적이라도 공사를 받으려는 업체도 많이 있다. 그러한 업체들은 공사 중에 중도금이나 잔금을 가지고 말썽을 일으키기도 하고, 공사 완료 후에도 사후처리 문제에 무책임한 경우가 적지 않다.

세 번째, 정확하고 합리적인 견적을 받는 방법은 먼저 기획과 설계를 완료한 후 완성된 설계도와 마감재 스펙북을 준비한다. 업체는 3군데 이상에게 동일한 조건의 설계도와 스펙북을 제공한다. 제출된 견적서를 비교하고, 직접적인 대면을 통해 업체의 마인드를 들어보고, 가장 타협과 이해가 쉬운 업체를 선별해야 한다. 금액이 가장 중요하지만, 더 중요한 것은 사람이다. 시공자와 공사 중에도 상호 커뮤니케이션이 잘 이뤄질 수 있어야 좋은 결과를 기대할 수 있다. 그렇다고 인간적으로 친해지고 싶은 사람을 선정하라는 것은 아니다. 건축주가 이해 못하는 전문적인 업무 내용과 진행 프로세스를 정확하고, 이해하기 쉽게 설명해주는 사람을 선택하라는 것이다.

네 번째, 반드시 업종별 공간 전문회사를 찾아야 한다. 상업 공간의 경우에도 외식 공간은 물론, 의류점 등 판매점 인테리어, 노래방 등 서비스업 상업 공간은 저마다 확연히 달라질 수밖에 없다. 예를 들어 외식 공간은 다른 공간과 다른 점이 있다. 홀 공간 등 보이는 곳을 치장하는 것도 중요하지만, 특히 보이지 않는 곳의 설계가 중요하기 때문이다. 주방의 배수공사라든지, 전기공사, 홀의 냄새나 연기를 제거하는 배기공사 등을 들 수 있다. 영업을 하다 보면 주방의 물이 잘 안 빠진다든지, 홀 내 담배 연기가 배출되지 않아 불편을 겪는 경우를 자주 보게 된다. 배수 및 배기 공사는 누구나 하는 공사라고 생각할 수 있지만, 경험이 없는 업체들의 경우 아주 소홀히 공사를 진행해 클레임이 발생하는 경우가 있다. 때문에 공사계약 시 이러한 점은 반드시 짚고 넘어가야 할 부분이다. 특히 외식 공간은 디자인도 중요하지만, 기술적으로도 공사 난이도가 높은 편이다. 따라서 하자 발생률도 매우 높은 편이다.

다섯 번째, 공사기간 중 건축주가 직접 감리에 참여해야 한다. 감리란 공사가 제대로 진행되는지를 공사 중간중간에 점검하는 일이다. 물론 감리에 자신이 없다면 처음부터 실력 있고, 믿을 수 있는 업체에 전권을 넘겨주면 된다. 하지만 공사업체는 어디까지나 공사가 마감되면 매장을 떠날 사람이다. 때문에 공사 진행과정은 건축주가 하나하나 체크해 나가는 것이 부실을 줄이는 방법이기도 하다. 하자가 생겨도 이해와 수습처리가 용이하다는 점이 장점이다. 건축주가 반드시 챙겨야 할 것은 주요 마감재와 조명, 창호, 외부 파사드와 간판 등이다. 이러한 것을 제대로 챙기기 위해서는 공사 계약 전에 관련 업종과 마감자재에 대한 광범위한 시장 조사가 선행된다면 보는 안목과 판단력을 키울 수 있을 것이다.

그 외에도 여러 가지 고려사항이 있다. 단, 공사업체는 설계대로 공사를 진행하는 것이다. 그러므로 일단 설계가 완벽해야 한다. 설계가 완벽하려면 설계 전에 공간 기획이 되어야 하고, 공간 기획 이전에는 컨셉이 확정되어 있어야 한다. 공사 진행 중 발생할 수 있는 가급적 많은 상황을 예측하면서 업체를 선정하고 계약을 체결해야 한다. 계약서는 가급적이면 꼼꼼하고, 세부적으로 작성해야 한다. 시시콜콜한 요구사항도 계약 시점에서 손 글씨로 특약사항에 명기해도 효력은 있다. 신중하게 선택해야 한다.

물론 건축주가 스스로 공사를 시공할 수 있다면 직접 진행하는 것도 좋다. 하지만 비용을 아끼려고 직접 시공을 했다가 시간은 시간대로 늦어지고, 비용도 전문가에게 의뢰한 것 이상 들어가는 예가 많다. 게다가 직영공사는 비용이 절감될 수는 있어도 품질까지 기대하기는 어렵다는 것이 단점이다. 다만 걱정스러운 부분은 컨셉을 개발하고, 공간을 기획하고, 설계를 하는 이유가 공간의 경쟁력을 높이기 위함인데, 비용 절감만 생각하다가 잘못하면 더 중요한 핵심 경쟁력 구축을 놓치는 상황이 되는 것이다.

저관여 상품을 판매하는 외식 공간은 공간 활용도로를 극대화해야 한다. 단가보다는 회전율이 더 중요하기 때문이다. 내부에 파티션은 설치하지 않는다. 파티션을 설치하면 독립성이 높아지지만 체류시간도 길어진다. 파티션을 설치하지 않는 대신 천장을 디자인 포인트로 잡았다. 간접 조명이 전체 공간의 분위기와 중심을 잡아준다(컨셉 개발/공간 기획/공간 설계 : 카나트 컨설팅).

컨셉으로 유혹하고
공간으로 브랜딩하라

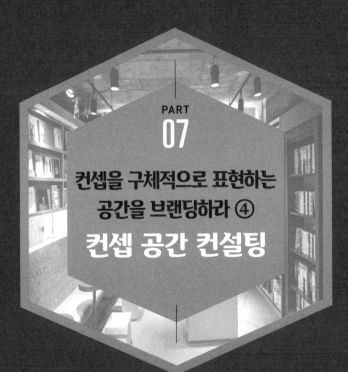

PART
07

컨셉을 구체적으로 표현하는
공간을 브랜딩하라 ④
컨셉 공간 컨설팅

카페, 외식 창업
황금법칙

01

건축주는 왜 공간 프로젝트
진행을 힘들어 할까?

    건축, 인테리어, 리모델링 공간 프로젝트를 진행할 준비를 하고 있는 건축주들은 왜 걱정이 많고, 고민이 많을까? 잘 모르기 때문에 두려운 것이다. 혹시 손해 보지는 않을까, 공사업체와 분쟁이라도 생기면 어쩌나 하는 등의 아직 발생하지 않은 걱정으로 힘들어 하는 것이다. 그런 초보 건축주의 고민을 살펴보고, 하나씩 해결해 나가 보기로 하자.

    일단 대부분의 건축주는 최적의 예산으로 최고의 건축물을 꿈꾸지만, 관련 지식과 경험이 부족하니 어디서부터 시작해야 할지, 어떻게 하는 것이 맞는지에 대한 정확한 판단을 하기 어렵다. 게다가 대관 관련 업무인 영업허가, 위생 점검, 신축허가, 대수선허가, 소방법, 각종 인허가 사항 등 처음 들어본 용어들이 많아서 당황스럽다. 인터넷으로, 책으로 공부해봐도 어렴풋이는 알겠는데 워낙 변수가 많아서 자신이 없다.

초보 건축주는 공사가 진행 중인 공사 현장을 보고 있으면서도 이게 지금 설계도대로 잘 진행되고 있는 것인지, 아닌지를 전혀 알 수가 없고, 일단 공사 진행과정이 지나가버리고 나면 수정은 거의 불가능하다. 시공자 임의로 설계 변경이 이뤄졌을 때, 그 설계 변경이 타당성이 있는 것인지, 아닌지 판단할 수가 없다. 특히 예상치 못한 추가공사비 청구서를 받아들었을 때 추가공사비를 지급해야 하는 것인지, 아닌지, 그 청구 금액은 타당한 것인지, 부당한 것인지를 전혀 알지 못한다. 건축주는 공사가 완료된 후 하자가 발생하면 어떻게 처리해야 하는지도 모르고, 사용하면서 발생하는 유지보수 관리의 진행방법도 모른다.

대부분의 초보 건축주들은 공간 프로젝트는 설계부터 시작한다고 생각할 것이다. 하지만 공간 프로젝트는 건축이든, 인테리어든, 리모델링이든 그 사업이 가능성이 있는지, 방향이 어디를 향해 잡고 있는지, 법규 검토와 컨셉을 개발하는 등의 공간 기획에서 시작한다. 현대 사회는 컨셉과 기획이 핵심 경쟁력이다. 공간 기획에 대한 중요성이 점점 커지고 있다. 그러므로 공간 프로젝트를 준비할 때 공사나 설계부터 고민하지 말고, 공간 기획부터 생각해야 한다. 처음부터 모든 것을 고민하면 머리가 두 개, 세 개라도 부족할 것이다. 그러므로 정확한 프로세스에 따라 단계별로 하나하나씩 처리해나가야 한다. 번거로워 하지 말고 컨셉을 개발하고, 공간 기획을 하며, 설계하고, 시공을 해야 한다. 진행하는 프로세스를 누락시키지 말고 정확하게 진행하면 공간 프로젝트는 쉬워진다.

과거에는 공간의 기능이 매우 단순했고, 한 종류의 공간을 만드는 것 자체만 중요한 시대였기에 경험 많은 목수가 설계도도 없이 지어도 충분했지만, 현대와 같이 공간의 기능이 복잡하고, 다양한 시대에는 공간을 단순히 공사하는 것만으로는 그 많은 요구사항을 만족시킬 수가 없게 되었기 때문이다. 건축주가 그 어려운 공간 프로젝트를 어렵지 않게 수행할 수 있게 해주는 비밀은 바로 '진행 프로세스'다.

정확한 진행 프로세스로 창조된 공간은 사람들이 선호하고, 오래 머물고 싶은 공간이 될 가능성이 매우 높아진다. 그 진행 프로세스를 시스템화한 것이 '컨셉 공간 컨설팅' 시스템이다.

일본 나고야에서 유명한 이자카야 브랜드다. 필자가 일본 이자카야 공간을 수개월간 조사하고 연구해서 기획한 공간이다. 오픈되지 않은 외장 파사드 디자인이 소비자들의 궁금증을 유발하는 전략이다. 호기심도 고객을 유혹하는 매력이 되기도 한다(컨셉 개발/공간 기획/공간 설계 : 카나트 컨설팅).

02

컨셉 공간 컨설팅이란 무엇인가?

컨셉 공간 컨설팅 CSM(Concept Space Management)은 건축, 인테리어, 리모델링 등의 공간 건설 프로젝트를 진행할 때 부실설계와 부실공사를 방지하고, 자세한 견적서와 정확한 계약서를 작성해 합리적으로 비용을 절감해주는 공간 프로젝트 관리 기법으로 만들어졌다. 외식 창업, 카페 창업, 건축, 리모델링, 인테리어 프로젝트에 관한 컨셉 개발, 공간 기획, 조사·분석·설계·계약·시공 관리 등에 관한 컨설팅 업무의 전부 또는 일부를 수행하는 것을 말한다.

컨셉 공간 컨설팅의 의미는 공간건설 프로젝트 사업의 공사비 절감, 품질 향상, 공기 단축을 목적으로, 발주자가 전문지식과 경험을 지닌 컨셉 공간 컨설턴트에게 업무의 전부, 또는 일부를 위탁해 관리하게 하는 새로운 컨설팅 계약 방식이다. 건축 인테리어 프로젝트의 기획단계에서부터 설계, 입찰 및 계약, 시공, 유지관리 단계에 이르기까지 업무의 전부, 또는 일부를 건축주의 대리인으로서 통합적으로 관리해 발주자에게 주어진 예산 범위 내에서 양질의 성과물을 적절한 시기에 완성되는 것을 지원하는 컨설팅을 말한다.

컨셉 공간 컨설팅의 목적은 기획단계와 설계비용, 공사비용과 공기에 관련된 위험을 최소화하고, 품질을 향상시켜 발주자를 비롯한 공간 프로젝트 사업의 각 참여자들의 이윤을 극대화시키는 것이 목적이며, 궁극적으로 프로젝트에 관련된 모두에게 이익이 돌아가는 상황을 만드는 것을 목적으로 한다. 사업 구상, 공간 기획을 건축주 입장에 서서 관련 협력업체들을 선정하는 것을 자문하는 컨설팅이다. 100% 합법적이고, 안전한 진행을 목표로 한다. 공사는 분야별 업체를 선정하는 것을 원칙으로 함으로써 중간 유통비용이 제거되므로 전체적인 비용 절감을 기대할 수 있다. 각 전문 업체별 건축주 직발주 계약으로 책임소재가 분명하므로, 유지 보수 관리와 하자보수도 용이하다.

컨셉 공간 컨설팅의 역할은 건축주의 편에 서서 일하는 프로젝트 사업 진행 자문 컨설팅이므로, 변호사처럼 건축주 입장을 대변해서 프로젝트 전반을 기획하고, 관리한다. 가장 먼저 컨셉을 개발하고, 공간을 기획하고, 디자인과 설계를 통해서 비용을 절감한다. 그리고 분쟁을 줄여주는 안전한 공사 계약을 자문한다.

컨셉으로 유혹하고 **공간으로 브랜딩하라!**

건축, 인테리어 프로젝트 설계, 시공 계약 3가지 방식

1. 목수십장 일괄도급	2. 설계/시공 개별 발주	3. 컨셉 공간 컨설팅

건축, 인테리어 프로젝트 설계, 시공 계약 3가지 방식

1. 목수십장 일괄도급	2. 설계/시공 개별 발주	3. 컨셉 공간 컨설팅

1. 장점
진행 프로세스가 간단하다.
'평당 얼마'만 결정하면
끝이다.

2. 단점
설계도, 견적서, 계약서도 없
거나 부실하므로 분쟁 발생이
많고, 근거자료가 없으므로 건
축주가 무조건 진다.

품질관리통제가 불가능하다.

1. 장점
설계도는 확실한 품질관리의
기준과 하자 및 분쟁의 근거
자료가 된다.

2. 단점
설계 변경, 공사 변경 시마다
발생하는 추가비용이 큰 부담
이 된다.
시공자와 건축주의 소통과 의
견을 적용하기 어렵다. 설계,
시공 양분 구조는 분쟁 발생이
쉬운데, 상호 조정은 어렵다.

1. 장점
컨셉과 기획, 설계 문제를 전문
가와의 소통을 통해서 비용 대
비 높은 품질과 비용 절감을 기
대할 수 있다. 건축주의 시행착
오로 인한 경제적인 손실과 법
적인 분쟁을 예방할 수 있다.

2. 단점
지인에게 공사를 맡기지 못하
게 한다.
건축주가 변심해 변경하는 것
을 어렵게 한다.

03

컨셉 공간 컨설팅이
왜 필요한가?

건축주의 대리인 역할을 통한 발주자의 이익을 극대화하는 것이다. 전통적으로 발주자의 대리인이었던 설계자들이 시공 단계의 업무에서 손을 떼게 되자, 건설에 대한 전문 지식이 없는 발주자들은 프로젝트를 성공적으로 관리하고, 발주자를 대신해줄 수 있는 독립된 자문 컨설팅 대리인이 필요하게 되었다. 이러한 시장의 요구에 의해 개발된 공간 프로젝트 관리 기법이 바로 컨셉 공간 컨설팅이다. 건축주를 대신해 공간 프로젝트를 전문적으로 관리함으로써 다음과 같은 이익을 발주자에게 제공한다.

1. 건축주의 대리인으로서 프로젝트의 진행에 대한 자문을 지원한다.

2. 기획, 설계, 시공 전 단계에 거쳐 비용 절감 및 품질향상을 자문한다.

3. 프로젝트 시작부터 완료 시까지 자문을 통해 분쟁 발생을 최소화한다.

4. 건축주의 의사결정을 위한 전문적인 기술, 경영자문을 지원한다.

5. 프로젝트의 컨셉과 디자인 품질은 높이기 위한 지속적인 제안을 한다.

6. 업체 선정 및 견적서, 계약서 작성에 대한 전문적인 자문을 지원한다.

7. 사용자의 요구사항과 고민을 해결하고, 공간의 활용도를 높인다.

8. 메인테넌스를 고려해 마감재와 시공기술 선택을 자문한다.

9. 컨셉 공간 컨설턴트는 프로젝트에 참여하는 주체들 중에서 건축부의 이익을 위해 존재하는 유일한 조직이다.

10. 컨셉 공간 컨설턴트가 기획단계에서 보유한 설계와 시공 단계에서 체크해야 하는 '공사비용 절감'과 '공사 중 시행 착오 최소화', '최적의 마감 선택'의 노하우를 자문한다.

11. 공사 중 발생 가능한 문제들을 예측해 미리 예방하고, 예기치 못한 문제 발생 시에는 건축주와 실시간으로 정보를 교류하고 소통하면서 문제를 해결해나간다.

12. 건축주가 각각의 시공팀들과 계약하는 것이 가능해져서 중간 유통단계를 제거해 비용 절감이 용이해진다.

13. 기획, 설계, 시공 전 단계에 거쳐서 건축주의 의견 반응이 용이하고, 모든 단계를 건축주가 직접 통제 관리가 가능한 프로젝트 매니지먼트 시스템을 구축한다.

14. 현장 관리 조직을 기존의 다단계 및 하청구조에서 중앙집중형 단일 구조로 통폐합함으로써 신속한 의사결정 및 사업진행과 사업비 절감이 가능하게 한다.

15. 프로젝트에 관련한 모든 비용의 지출을 100% 투명하게 파악하는 것이 가능해진다.

16. 기존의 악관행인 하청 시스템을 원천 차단해 중간 중개상 같은 유통 주체들을 최대한 제거하는 건설 유통 구조 혁신을 단행한다.

신비감 있는 오리엔탈 캐슬이 컨셉이다. 지붕과 처마로 성과 같은 이미지를 연출했다. 외부 조명과 외부 조형물로 거대함과 웅장함을 표현했다. 외장 전체가 간판 이상의 홍보 효과를 가져온다. 외장 파사드는 브랜드의 정체성을 구축하는 역할을 한다(컨셉 개발/공간 기획/공간 설계 : 카나트 컨설팅).

04

초보 건축주라면
반드시 알아두어야 할 노하우

대부분의 초보 건축주들이 실수하는 첫 단계가 파트너를 잘 못 선정하는 것이다. 사실 잘 모르기 때문에 가장 저렴한 업체를 선택하는 것이다. 설계도를 보면서 설명을 듣고 견적서에 고개를 끄덕이지만, 사실 뭐가 뭔지 아무것도 모른다. 모르는 게 당연하다. 물론 대충은 알아듣는다. 그래서 이해가 되는 듯하다. 하지만 그게 그렇게 몇 시간 보고 듣는다고 알게 되는 게 아니다. 필자는 건축을 전공했고, 건축 회사, 인테리어 회사에서 신입 사원부터 직장 생활을 했으므로 누구보다도 잘 안다. 단언컨대 절대 알 수가 없다. 공사 현장을 이해하고, 설계도의 숨은 의미를 발견해서 견적서의 숫자가 보이려면 최소 3년 이상의 현장근무가 필요하다.

결국 아무것도 모르니까 가장 저렴한 공사업체를 파트너로 선택하는 것이다. 하지만 싼 게 비지떡이란 것을 알게 되는 데는 그리 오랜 시간이 걸리지 않는다. 노련한 악덕 업자들은 딱 보면 안다. 호구인지, 아닌지. 그래서 악덕업자들을 만나면 건축주는 절대 이길 수가 없는 것이다. 건축주가 집을 짓거나 인테리어를 하는 데 아무런 지식이 없으니까 파트너를 제대로 선택할 수가 없는 것이다. 악덕업자의 분쟁 사례를 보면 다음과 유사한 패턴을 보이고 있다.

지인의 소개로 시공자를 만나 보니 인상도 좋고, 말도 재미있게 하고, 견적금액도 다른 업체들보다 20% 이상 싸다. 이 경우 단지 금액이 싸다는 이유 하나만으로 그 업체를 선정하고 계약한다면, 여러 가지 분쟁의 가능성이 열리게 된다. 빈번하게 일어나는 분쟁 패턴 중 하나는 다음과 같다. "견적을 잘못 넣은 것 같다. 공사 범위를 착각했다. 다른 업체들의 견적서를 다 보지 않았냐? 내가 견적을 너무 심하게 잘못 넣은 거다. 그러니 이렇게 공사 진행도 안 될 뿐더러 하면 할수록 나는 손해다. 내가 전에 넣은 견적보다 30% 추가비용을 지금 먼저 지불해라. 아니면 공사 진행 못 한다"고 일방적으로 통보하고는 어이없게도 공사 진행을 중단한다.

그 시공업체가 정말 처음에 견적을 잘못 넣은 것일까? 대부분의 경우 그게 그 시공업체가 일을 수주하는 전형적인 스타일인 경우가 많다. 일단 최저가로 무조건 일을 수주하는 것이다. 그리고 속어로 '침 바르기'를 하는 것이다. 공사비를 결제 받고 어느 정도까지만 공사 진행하다가 딱 멈추는 것이다. 그게 어찌어찌하다 보니까 어쩔 수 없이 공사를 중단되게 된 거라고 말한다. 하지만 대부분의 경우 그 업체는 처음부터 그럴 계획이었던 것이다. 일단 공사부터 들어가서 원하는 대로 뽑아내자는 계산으로 들어온 경우가 많다.

이런 경우 소송을 생각하게 되는데 그것도 쉽지 않은 일이다. 어차피 민사소송이고, 1~2년을 질질 끌다가 결국은 조정을 하게 되는데, 실익은 거의 없다. 게다가 집을 짓는 것을 중단하고 건축주가 소송을 진행할까? 쉬운 결정이 아니다. 못하는 거 아니까 저런 행각을 벌이는 것이다. 조사해보면 이 시공업체는 이런 일이 한두 번이 아닐 것이다. 상습범일 경우가 많다. 진행된 공사에 투입된 자재비와 인건비는 아직 거래처들에게 결제를 하지 않은 상태이므로 건축주한테 직접 받으라고 결제를 떠넘겨 버릴 것이다.

이 시공업체는 어차피 공사를 계속 진행할 마음이 없다. 지금 계약을 해지하는 것이 가장 이익이라고 생각하고 있을 것이다. 이런 속마음을 알 리 없는 건축주는 원인도 모르면서 현장 폐쇄를 당하고, 추가공사비 청구서를 받고 나니 그야말로 멘탈이 붕괴될 것이다. 속은 타들어가고 어떻게 해야 할지 조바심이 날 것이다. 반면에 시공업체는 현장 문을 걸어 잠그고 돈이 나올 때까지 전화도 받지 않는다. 그래서 결국은 시공업체가 원하는 대로 상황이 흘러가게 되는 것이다. 지금이 어떤 세상인데 이런 일이 가능하냐고? 가능하다. 그걸 너무 잘 아니까 저렇게 행동하는 것이다.

이런 상황에서 건축주가 결정할 수 있는 일은 딱 2가지다.

첫 번째의 경우는 시공업체의 요구대로 공사비를 추가로 준다. 이 상황에서 건축주는 빨리 공사를 재개하고 싶은 마음에 '그래, 어차피 다른 업체들 견적 정도니까 주고 말지'라고 생각하는 것이다. 하지만 공사비를 추가로 지급하는 경우, 시공업체에게 돈만 추가로 더 가는 상황이 될 수도 있다. 아니면 다행히 공사가 다시 재개되지만, 공사 완료 시까지 수시로 공사비 추가 청구를 할 가능성이 다분하고, 끝까지 공사를 진행한다고 해도 공사의 결과가 그리 좋을 것 같지 않다.

두 번째 경우는 당신하고는 절대 일을 같이 못하겠다, 여기서 그만하자고 하는 것이다. 이 상황에서 건축주는 돈을 준다고 해서 지금보다 상황이 더 좋아질 것 같지도 않고, 시공업체가 끝까지 공사를 잘 마무리할 것이라는 신뢰가 깨진 것이다. 이렇게 계약해지를 통보하는 경우에는 시공업체가 지금까지 자재를 사고, 업체들에게 선금 주고 해서 받은 공사비용을 전부 지출했으니 그동안 현장 인부들 인건비와 자재비는 건축주가 책임지는 것으로 하자고 하면서 공사를 포기한다. 이 경우 시공업체는 공사도 안 하고 이미 결제된 공사비를 자신의 수익으로 챙기게 된다. 그리고는 연락을 끊어버릴 것이다. 아니면 예측 가능한 최악의 상황인데, 현장 문을 걸어 잠그고 '유치권 행사 중'이라는 현수막을 건다. 이후 전화 연락은 되지 않는다. 그럼에도 자재업체 현장인부들은 건축주를 찾아와서 인건비, 재료비를 내놓으라고 시위를 할 것이다. 손해 배상 청구가 들어올 수도 있다. 이런 상황이 일단 시작되면 건축주는 완전히 피하기는 어렵다.

앞의 시나리오는 단지 여러 분쟁 사례들의 패턴을 독자의 이해를 돕기 위해서 가상의 상황을 설정해본 것이다. 물론 전체 공사업체가 이렇다는 이야기가 아니다. 건축 인테리어 공사업체들을 폄하하기 위한 목적도 아니다. 다만 공사 계약 전에 기획과 설계가 중요하다는 것과 정확한 설계도를 작성하고, 정확한 견적서와 계약서를 작성하고 공사를 진행해야 건축주가 피해보지 않는다는 것, 공간 프로젝트는 원칙대로 진행하고, 순차적으로 프로세스를 진행하는 것이 중요하다는 것을 말하고 싶은 것이다.

당신이 건축주라면 어떻게 이 상황을 해결할 것 같은가? 비전문가인 건축주는 반드시 전문가의 도움을 받는 것을 추천한다. 간단한 집수리 정도라면 건축주가 직접 진행할 수 있겠지만, 1억 원, 3억 원, 5억 원 이상 드는 공사를 경험도 지식도 없는 건축주가 혼자서 기획, 설계, 견적, 계약서 작성까지 한다는 쉽지 않은 일이다. 모르면 무조건 당한다는 것을 명심해야 한다. 건축주가 직접 필요한 지식과 경험을 쌓고, 혼자 하기 어려운 분야는 그 분야 전문가를 파트너로 두고 함께 진행하는 것이 안전하다.

60년 이상 방치된 상가 건물을 리모델링을 통해 카페 공간으로 변신시켰다. 오랜 세월이 지나면서 지반이 침하된 건물을 들어올렸다. 특히 미관 심의가 필요한 지역이라 외장과 파사드가 중요한 요소가 되었다. 테라스를 만들기 위해 건물 안으로 들어와서 테라스 공간을 기획했다(컨셉 개발/공간 기획/공간 설계 : 카나트 컨설팅).

05

모르면 무조건 실패하는
공사도급 계약서 작성법

건축주가 공사를 진행하기 전에 반드시 도급 계약서를 작성해야 한다. 지인이라고 해서, 추천받은 사람이라고 해서 계약서도 쓰지 않고 공사를 진행했다가 예기치 못한 분쟁이 발생하는 경우가 많다. 계약서는 무조건 작성해야 한다. 그리고 정확하게 안전하게 작성해야 한다.

계약서는 예측 가능한 모든 상황에 대한 대비책이기도 하고, 공사기간과 공사비용지급에 대한 서로의 약속을 적어서 이렇게 진행하기로 하자고 합의를 하는 것이다. 계약서의 내용에는 당연히 공사내용과 견적서, 설계도면, 건축비 지급일, 지급기준 등의 세부사항이 모두 포함되어 있어야 한다. 중소규모 건축, 인테리어, 리모델링 현장은 워낙 많은 변수가 존재하고 있기에 조금이라도 놓친 부분이 생기면 큰 손해로 직결된다.

도급계약서를 잘 작성하는 방법은 시시콜콜한 내용까지 다 기입하는 것이다. 수량, 규격, 특이사항까지 다 명시해야 한다. 타일, 위생기, 벽지, 바닥재의 단가와 상표까지 계약서와 견적서에 첨부한다. 견적서와 계약서에 금액이 명기되어 있지 않다면 다 추가비용이 인정된다. 결국 건축주가 다 비용을 부담해야 한다는 것이다. 대부분의 경우 마감재 비용을 두루뭉술하게 적어두지만, 비용이 명기되어 있지 않거나, 명기된 비용보다 고가이면 그것은 다 건축주가 추가로 부담해야 하는 공사비가 된다.

그러니 억울하게 손해 보고 싶지 않다면 숨소리조차도 계약서에 기록하라. 계약서에 특기사항으로 손으로 작성한 메모조차도 다 법적인 효력이 있다고 하면 가장 확실한 증거가 된다. 공사 프로젝트를 시작하기로 하고, 계약서를 작성하는 그날부터 건축주의 고난의 행군이 시작된다. 프로젝트가 끝나야 건축주의 고난도 끝이 나는 것이다. 그 과정에서 공간 기획 컨설턴트와 설계 전문가, 시공 전문가들과 협업하고 소통해야 한다. 프로젝트가 시작되면 건축주는 다양한 상황에 민낯으로 직면하게 될 것이다.

하지만 이런 상황은 매우 불안정한 상황이다. 법정에서 소송을 진행하거나 재판을 받을 때 변호사를 선임하는 이유가 무엇인가? 일반인들은 법에 대해서 잘 모르고 대부분 소송이나 재판은 자주 하지 않기에 그 절차나 방법을 모르니까 변호사에게 재판진행을 위임하는 것이다. 그러면 변호사는 의뢰인을 대리해 재판을 진행하는 것이다. 건축이나 인테리어 공사도 마찬가지다. 일반인들은 평생 한두 번 할까 말까다. 그래서 잘 모른다. 변호사를 선임해 대리인으로 내세우듯 공사도 대리인이 필요하다. 사전에 함께 전략을 세우고 의논하면서 재판을 진행하는 것이 비용을 절감하고 분쟁을 방지하게 된다.

컨셉 공간 컨설턴트를 건축주의 대리인으로 선임하고, 프로젝트를 진행해나가는 것이 효과적이다. 기획과 설계, 견적서, 계약서가 부실한 상황에서 시공자가 임의로 공사 진행을 멈추는 것이 가장 빈번하게 발생하는 큰 사고다. 문제는 이런 경우 사고를 치는 것은 시공자인데 그 피해는 고스란히 건축주에게 100% 돌아간다는 것이다.

그래서 공간 프로젝트에 대한 경험이 부족하면 항상 분쟁의 요소를 안고 있는 것이다. 마치 언제 터질지 모르는 폭탄을 안고 안절부절하는 모습과 똑같다. 그런 상황에서 공사 계약서를 작성하는 순간, 공사 현장의 칼자루 주인이 바뀌는 것이다. 시공자의 의도적인 분쟁 상황에서 건축주가 아무리 화를 내고 발버둥 쳐도 시공업체는 끄떡도 하지 않는다. 무조건 전화 받지 않고 버티기만 하면 되기 때문이다. 시공업체 입장에서는 전혀 손해 볼 게 없는 싸움이다. 하지만 건축주는 황당할 뿐이다. 이렇게 어이없이 일방적으로 당해도 되나 싶을 것이다. 너무 분하고 억울하지만 다른 방법이 없다. 결국 시공업체가 달라는 대로 다

주게 된다. 견적 금액 10%로 싸게 하려다가 30% 이상 추가비용이 지출되는 경우가 비일비재하다.

이렇게 통제 불가능한 상황에서 건축주는 '악' 소리도 한번 제대로 못해보고 큰 손실만 입게 된다. 이런 경우를 당하면 제일 먼저 소송을 생각해보겠지만, 조금 경험이 있는 건축주라면 하지 말라고 말릴 것이다. 어차피 민사 소송이고, 2년 이상을 질질 끌다가 지칠 대로 지친 상태에서 서로 합의 보라고 조정이 들어갈 것이기 때문이다. 적지 않은 소송비용에 2년간 이리저리 끌려 다니는 것을 생각하면 아예 포기하라는 선배의 조언이 차라리 현실감이 있다.

이런 경우 사실관계는 증명하기 어렵기 때문에 결국 배상 받을 금액도 반 이하로 축소될 것이 분명하며, 만약에 소송에서 이겼다고 하더라도 시공자의 재산이 없으면 그 또한 회수가 불가능하다. 하지만 이런 악덕업자들이 그런 상황에 대비하고 있지 않을 리가 없다. 대부분의 민사소송의 경우에 결국 시간만 낭비하고 회수는 거의 불가능하다. 필요하다면 소송도 불사해야 하겠지만, 단순히 욱하는 심정으로 진행하는 것은 권하고 싶지 않다.

공사 도급계약서는 국토부에서 제작한 건축공사 표준계약서를 사용하는 것을 권장한다. 시공사가 작성한 디자인 멋진 계약서는 표준계약서와 비교 검토해봐야 한다. 건축 계약을 체결할 경우 업체가 보기 좋게 제작한 계약서는 피하고, 되도록 국토부의 '건축공사 표준계약서'를 사용해야 한다. 건축주에게는 불리하고, 업체에게 유리한 조항이 곳곳에 숨어 있기 때문이다. 어쩔 수 없이 업체에서 인쇄한 계약서를 이용할 경우 표준계약서의 조건과 비교해서 검토해봐야 한다. 공사 도급계약서를 완벽하게 작성했다고 해도 완벽하게 모든 위험을 방지할 수 있는 것은 아니다. 너무나 많은 변수가 상존하고 있기 때문이다. 공사 현장은 익명의 많은 인부들이 출입을 하고 있고, 항상 위험에 노출되어 있기 때문에 어떤 일이 발생할지 모두 다 예측한다는 것은 불가능하다. 따라서 건축주가 경험이나 지식이 부족하다면 공간 기획 컨설턴트의 도움을 받아서 도급계약서를 작성하는 것이 좋다.

공사 프로젝트를 진행함에 있어서 일일이 다 열거할 수는 없지만, 도급계약서 이외에도 챙겨야 할 업무들이 많다. 공사일정표, 협력업체 명단, 계약이행 보증서 발행, 산재 보험가입 등 알아야 하고, 챙겨야 할 사항들이 아주 많다. 예를 들어 공사 현장에서 인부가 2층 높이에서 떨어져서 다리가 부러졌다면 당신은 어떻게 대처할 것인가? 안전사고는 정말 조심해야 한다. 현장에 안전시설, 안전장치를 완벽하게 갖춰야 한다. 공간 프로젝트의 진행은 건축주가 막연하게 생각하는 것보다 훨씬 더 위험할 수 있다. 많은 지식과 노하우가 있는 전문가의 자문을 받는 것을 추천한다. 정상급 등반가들도 가본 적 없는 산을 오를 때는 그 산에 살고, 그 산을 잘 아는 원주민인 셰르파들과 함께 출정하는 것과 같은 이치다.

파벽돌의 느낌과 분위기를 보여주는 사례다. 파벽돌은 세월이 묻어난 재료이기 때문에 처음 만들고 나서도 빈티지한 분위기를 연출하지만, 시간이 지날수록 더 성숙한 분위기를 보여준다. 디자인이 중요하지만 그에 못지않게 재료의 선택도 중요하다(컨셉 개발/공간 기획/공간 설계 : 카니트 컨설팅).

06

분쟁 발생을
예방하는 법

공간을 건축하는 프로젝트들은 대부분 단순하지 않다. 초보자에게는 매우 복잡한 프로세스와 다양한 사람들의 이해관계가 서로 연결되어 있다. 결국 분쟁이 발생할 가능성도 많다는 것이다. 기획 단계는 이러한 다양한 요소들을 일렬로 교통 정리하는 것이다. 막막했던 공간의 실체가 명확하게 보이게 구체화하는 것이 공간 기획이다. 설계자는 건축주의 요구사항들을 취합해서 설계를 진행한다. 하지만 모든 분쟁의 씨앗은 설계 단계에서부터 시작된다. 결국 시공은 설계를 따르는 것이기 때문이다. 건축주들은 시공자와 공사비용에 대한 논의를 하지만, 시공자는 원칙적으로 공사비용을 줄일 수 없다.

공사의 비용은 설계 단계에서 다 결정되는 것이기 때문이다.

시공방법, 마감자재가 다 결정되어 있는데, 시공자가 공사비용을 줄일 방법이 없다. 시공자가 공사비용을 줄이는 방법은 자신의 이익을 축소하거나, 시공방법과 마감자재를 싸구려로 변경하거나, 공사 도중 공사를 중단하고 추가비용을 더 받아내는 것밖에는 없다. 그러니 시공자에게 공사비용을 삭감하는 것은 부실공사를 하라고 부추기는 것과 같다. 시공자가 자신의 이익을 줄일 일은 절대 없으니 터무니없이 낮은 공사비로 계약하는 것은 공사하다가 공사 중단하고, 부족한 비용을 추가로 더 받아내라고 허락하는 것이나 마찬가지다.

건축주들은 알아야 한다. 시공자에게 공사비를 깎는 것은 내가 내 살을 깎는 것과 크게 다를 게 없다는 것을 말이다. 시공자는 설계가 완료된 상황에서 더 이상 비용을 낮추는 방법을 알지 못하는 사람이기 때문이다. 결국 공사비용은 설계단계에서 다 결정나는 것이다. 제대로 설계를 했다면 공사비용은 정확하게 산출된다. 마치 마트에서 상품에 바코드를 찍으면, 금액이 포스 모니터에 나타나듯이 정확하게 산출하는 것이 가능하다. 견적 전문가에게 의뢰하면 99% 정확하다. 단, 설계도 기준이다. 결국 공사비용은 자재비와 인건비, 기타 잡비 그리고 업체 이윤으로 구성되어 있는데 부실 공사를 원하지 않는 한 자재비와 인건비, 기타 잡비는 물량산출하고, 자재 스펙 확정하고, 특기 시방서를 작성되면 그대로 산출되는 것이 정상이다.

결국 업체 이윤만 가지고 협상하는 것이다. 정상적인 시공사라면 적정 이윤을 제시하고, 그게 수용되지 않으면 공사를 수주하지 않을 것이다. 그러나 비정상적인 악덕 시공사라면 부실공사를 계획하고, 설계를 변경하기 위해 건축주를 설득하려 하거나 계약 단계에서는 업체 이윤을 포기하고 최저가로 계약한다. 그러다가 공사를 조금 진행하면 현장을 폐쇄시키고, 애당초 확보해야 하는 업체 이윤을 추가로 청구하는 악의적인 분쟁을 시작하게 되는 것이다.

　그래서 설계가 단지 허가용도가 아니라는 것이다. 설계가 공사비용을 결정하고, 설계가 공간의 가치를 높여주는 것이다. 그렇게 중요하고 세심한 부분이 많기 때문에 결국 많은 분쟁 단초를 제공하기도 하는 것이다. 그래서 공간의 기획 단계와 설계 단계가 프로젝트의 성패를 좌우한다고 확신한다. 하지만 사고를 치는 최종 당사자는 시공자인 경우가 대부분이다. 시공자를 검증하는 것도 중요한 일이지만, 만약 계약 전에 공간 기획 컨설팅과 완벽하고 치밀한 설계도, 물량, 단가, 스펙, 견적조건이 명확한 견적서, 국토부 표준 계약서를 기반으로 한 물 샐 틈 없이 촘촘한 계약서를 준비한다면 부실한 악덕 시공업체들은 웬만해서는 입찰에 참여하려 않을 것이다. 왜냐하면 원래 나쁜 놈들은 건축주의 약점과 허점을 발견하면, 그 틈새를 파고 들어오는 존재이기 때문이다. 빈틈이 없어 보이는 일에 참여하지 않을 것이 분명하다.

　그러므로 컨셉 공간 컨설팅으로 기획, 설계, 견적, 계약 등을 정확하게 구축해두면 부실 업체들은 접근하기 꺼려할 것이다. 그리고 어차피 컨설팅 단계에서 업체 검증을 빡세게 하게 될 것이므로 그 검증을 통과하는 것도 쉽지 않을 것이다. 어떻게 보면 공간 프로젝트와 그 공사 현장이 우범지대처럼 보일지도 모르겠다. 하지만 이것은 골목길과 같다. 골목길이 어둡고, 폐허 같고, 인적도 드물면 우범지대로 전락하기 쉽다. 조명도 없고, 경찰도 없고, CCTV도 없다는 것을 범죄자들이 미리 파악하고 오기 때문이다. 반대로 골목이지만 항상 청소가 잘되어 있고, 길거리 환경미화도 잘되어 있다. 밤에도 대낮처럼 조명이 골목 구석구석 비추고 있다. 20분 간격으로 경찰관이 순찰을 돌고, 골목 초입부터 끝까지 CCTV의 촬영에 사각이 없다. 그러다 보니 사람들도 많이 산책을 다니는 길이 되었다. 그런 길에 범죄자들이 먹잇감을 찾으러 들어올까? 심리적으로 쉽지 않다. 이렇게 상황을 만들어가야 한다.

도둑을 잡는 것은 어려운 일이지만, 도둑이 애초에 엄두를 낼 수 없게 CCTV가 돌아가고, 방범장치가 설치되고, 경찰관이 수시로 검문 검색하는 동네에 도둑이 들어올까? 내가 도둑이라면 절대 안 갈 것 같다. 음침한 다른 동네로 활동 본거지를 이동할 것이다.

미리 예방하는 것이 필요하다. 빈틈 없이 철통 방어를 하는 것이 중요하다. 분쟁이 발생하고 나서 대책을 찾는 것은 소 잃고 외양간 고치는 것과 같다. 소 잃기 전에 외양간을 튼튼하게 리모델링하고, 외양간에 방범시스템을 구축하며, CCTV를 설치하고 주변을 투명하고 밝게 만들면 좀도둑, 사기꾼들이 접근할 시도조차 하지 않을 것이다.

한식당의 외장 파사드 디자인과 전면 테라스 공간의 조화가 중요하다. 측면 테라스 공간은 활용하기 위해 폴딩 도어를 적용했다. 외부 공간과 내부 공간의 자연스러운 연계는 효과적이다. 세로로 긴 공간이라는 단점을 역으로 활용하면 더 강력한 공간의 컨셉이 만들어진다. 효율적이고 개방적인 공간의 기획은 공간을 풍성하게 만들어낸다(컨셉 개발/공간 기획/공간 설계 : 카니트 컨설팅).

07

'평당 얼마'가
모든 문제의 원인이다

모든 분쟁은 '평당 얼마?'에서부터 시작된다. 이 질문을 하는 순간, 당신은 분쟁의 소용돌이에 휘말려 들어가고 말 것이다. '평당 얼마'라는 단어에 모든 문제가 담겨 있기 때문이다. 이 문장을 입에 담는 순간 공간의 기획 단계도 의미 없고, 설계의 단계도 의미 없다. 심지어는 건축주도 필요 없다. 공간 프로젝트의 진행 주체가 건축주에게서 시공자에게로 이동한다. '평당 얼마'에 모든 것이 포함되는 개념이기 때문이다. 시공자는 '평당 얼마'에 자기가 하고 싶은 대로 행동하고, 쓰고 싶은 대로 돈을 써도 되는 '무소불위'의 권력을 갖게 되는 것이다.

모든 것은 시공자가 의도하는 대로 진행하고, 설계도 마음대로 해도 된다. '평당 얼마'로 그것도 제대로 된 견적서도 없고,

311

정확한 계약서도 없이 계약했기 때문이다. '평당 얼마'에 계약한 시공자는 설계도 직접 했거나, 거래처인 설계 사무실에서 했기 때문에 마음대로 바꿀 수 있는 무소불위의 권력을 가지게 된다. 견제할 사람도 없고, 관리나 통제할 사람도 없다. 내 마음대로 하면 된다. 공사비가 좀 부족하다 싶으면 시공 방법을 변경하거나 고가의 자재를 저가로 교체해버리면 된다. 그래도 부족하면 한 3,000만 원만 더 줘야겠다고 건축주를 협박하면 돈이 금방 나온다. 안 주면 당장 내일부터 현장을 폐쇄시켜 버리면 된다. 건축주는 요구사항을 전달하지만, 그렇게 해줄지, 말지는 '평당 얼마' 시공자가 결정한다.

만약 '평당 얼마' 시공자와 구두로 계약했는데 분쟁이 생긴다고 해도 절대로 필자에게 연락하면 안 된다. 연락해도 소용없다. 필자는 '평당 얼마' 시공자를 절대로 이길 수 없기 때문이다. '평당 얼마'로 계약하면 그때부터 시공자는 신의 권력을 가지게 된다. 그럼에도 매년 무수히 많은 건축주들이 '평당 얼마' 시공자와 불공정한 노예 계약을 체결한다. 이런 잘못된 악행의 고리는 과감하게 끊어야 한다. 이게 문제인 줄 알면서도 왜 악행과 불합리가 근절되지 못했을까? 여러 가지 사회적인 문제도 존재하겠지만, 가장 큰 문제의 원인은 건축주가 눈앞의 유혹에 넘어가기 때문이다. 항상 사기를 당하는 사람은 본인이 쉽게 돈을 벌려는 욕심을 가지고 있거나, 싸기만 하면 앞뒤 재지 않고 달려드는 사람들이다. 본인이 합리적인 절차를 피해 큰 이득을 보려

다가 사기꾼의 먹잇감이 되는 것이다

　터무니없이 싸게 하려고 과욕을 부리지 마라. 그렇다고 비싸게 하라는 것은 아니다. 정상적이고, 합리적으로 진행하겠다고 단호하게 결정해야 한다. 이익을 보지는 않더라도 절대로 손해는 보고 싶지 않겠다고 결심해야 한다. 그래야 유혹에 넘어가지 않는다. 뭘 잘 모르는 초보 건축주들은 공사비는 시공자의 능력이 있으면 엿장수처럼 공사비를 늘였다가, 줄였다가 할 수 있을 거라고 착각한다. 하지만 절대 아니다. 설계가 정확하게 이뤄지고, 마감재 스펙이 다 결정이 나서 특기 시방서가 결정되면 공사비는 누가 해도 거의 같다. 현대 사회는 모든 자재 정보와 유통 경로가 투명해진 사회다. 절대로 남들보다 현격한 차이로 저렴하게 자재를 구입하고, 인부들의 인건비를 줄일 수 있는 시공자는 없다. 제대로 실력을 갖춘 시공 회사들을 10곳의 공가 견적을 받아보면, 공사비가 별반 차이가 안 날 것이다. 그게 정상이다. 그중에 현저하게 낮은 금액을 제시하는 공사업체가 있다고 해서 싼값에 무턱대고 계약하면 절대로 안 된다.

　터무니없이 저렴한 시공자는 실력이 없어서 견적을 낼 능력이 없거나, 일단 공사부터 수주하고 나중에 현장 문을 걸어 잠그고, 추가공사비를 뜯어낼 목적을 가지고 있는 사람이다. 대부분의 건축주들이 모르고 있는 사실 중 하나는 대부분의 개인 시공자들은 제대로 견적을 낼 능력이 없다는 사실이다. 그저 오랜 현장 경험을 바탕으로 '평당 얼마'에 견적을 내고 계약을 하는 것이다. 그러다 보니 견적 금액이 들쑥날쑥한 것이다. 순진한 건축주를 만나면 엄청난 금액으로 눈두덩을 치거나 본인이 낸 견적과 실제 공사량이 차이가 나는 경우에는 무조건 현장 문을 잠그고 유치권을 행사하면서 내가 견적 잘못 냈으니 돈을 더 달라며 분쟁을 시작하는 것이다. 이런 일은 비일비재하다.

그러니 공사 경험이 없는 건축주들은 합리적으로 생각하고, 판단해야 그런 시공자들에게 속지 않는다. 상식보다 큰 이득을 취하려고 하는 유혹에 빠지면, 사기꾼들이 몰려든다. 가장 좋은 자세는 '큰 이득을 보려 하지 않겠다. 그렇다고 멍청하게 호구 짓 하며 손해는 보고 싶지 않다. 덜도 말고, 더도 말고 합리적인 금액으로 계약을 진행하겠다'라고 원칙을 세워야 한다. 내 일을 도와준 시공업체에도 합리적인 이윤을 보장해주겠다고 생각해야 한다. 시공업체가 손해를 보든, 말든 무조건 싸게 하겠다고 무리하게 진행하면 안 된다. 시공업체는 속성상 절대 손해 보려 하지 않기 때문에 무리한 진행은 반드시 분쟁으로 이어진다. 그리고 분쟁이 발생하면 무조건 건축주가 지게 된다. 분쟁을 만들지 않는 것이 건축주가 이기는 방법이다. 합리적이고, 체계적으로 기획, 설계, 견적, 계약서 작성의 프로세스를 거치면 실공사비도 계약 전에 통제할 수 있게 되고, 시공업체의 이윤 금액도 어느 정도 미리 파악할 수 있게 된다. 공사 계약 전에 예산을 수립하고, 자금 흐름을 파악할 수 있게 된다는 것은 공간 프로젝트 진행에 있어서 매우 중요한 일이다.

공사비는 공간의 기획을 거친 설계 도면에 근거해 공종별 상세 견적서를 작성해야 한다. 대리석, 세면대, 바닥재, 수전금구 등 주요 마감자재는 제품 생산 브랜드와 색상 등을 정확하게 한정해 견적서를 작성하고, 계약서에 첨부해야 한다. 그리고 도급 계약서 작성 단계에서는 컨셉 공간 컨설턴트의 자문하에 설계자, 시공자, 건축주가 상호 설계도면 검토와 마감자재 스펙을 결정하고 확인해야 한다. 아무리 주의를 주더라도 실제 현장에서는 건축주의 잦은 설계 변경에 의한 비용추가 관련 분쟁이 다반사다. 건축주는 가능하면 설계 변경을 하지 않는 것이 기본 원칙이다. 건축의 경우에는 착공 승인이 나기 전의 변경은 얼마든지 가능하지만, 착공 후 설계 변경은 생각보다 어려움이 많다.

설계 변경을 하는 경우 설계 비용이 추가된다. 공사 진행 전이라면 설계 비용만 발생하겠지만, 공사 진행 중이라면 추가공사 비용도 발생하게 된다. 시공자가 갑자기 일방적으로 요구하는 추가공사비용은 방지하고 단호하게 거부해야 하겠지만, 건축주 본인이 스스로 변심해 설계를 변경하거나 계약 당시 결정한 마감재를 더 좋은 마감재로 업그레이드 하고 싶을 때 발생하는 추가비용은 합리적인 선에서 부담해야 하는 것이 맞다. 건축주가 합리적으로 진행해야 분쟁이 생기지 않는다. 그렇게 하지 않고 시공자에게 무리하게 희생을 강요하면 결국 추가공사비용 관련 분쟁이 발생할 수밖에 없다.

시공자도 해당 공정을 진행하기 위한 자재를 발주하기 전이라면 큰 문제가 없겠지만 이미 자재가 발주되었거나 입고 완료가 된 상황이라면, 공사비가 추가되는 것을 막을 수가 없게 된다. 이미 비용이 발생해버린 상황이기 때문이다. 건축주, 컨셉 공간 컨설턴트, 설계자, 시공자는 상호 간에 불필요한 낭비요소를 제거해 나가야 한다. 이를 통해 분쟁도 사전에 방지하고, 공간의 품질도 상승시킬 수 있는 상생 노하우를 발굴해 나가야 한다. 결론은 '평당 얼마'가 모든 분쟁의 원흉이다. '평당 얼마'에 대한 생각을 버려라. 버려야 산다.

일본 오사카풍의 고건축을 연상시키는 외장 파사드 디자인이다. 일본 음식과 술을 판매하는 3개 층 규모의 대형 이자카야다. 빈티지한 고목재와 수제 감성의 스터코 마감으로 일본 사찰을 연상하게 만드는 이국적인 분위기가 연출되었다. 그 앞을 지나가는 소비자들의 눈길을 사로잡기에 충분히 비주얼이다. 한번 가보고 싶은 마음이 생기는 공간이다(컨셉 개발/공간 기획/공간 설계 : 카나트 컨설팅).

08

직접 공사를 발주하고 비용을 절감하는 방법

예산은 한정이 되어 있는데 하고 싶은 공사는 많아 안타까울 때가 많다. 한 푼의 비용이라도 절감하고 싶은 것이 건축주들의 공통된 심정일 것이다. 사실 일괄적으로 적용하는 것은 어려움이 있겠지만, 공사를 직접 진행해서 조금이라도 비용을 절감해보겠다는 의지가 있는 건축주는 직접 공사를 발주하는 것도 방법이 된다. 하지만 직접 공사를 발주하는 것은 누구나 할 수 있다고 말할 수는 없다. 건축주 개인별 경험과 능력 편차가 클 것이므로 각자가 잘 판단해서 결정해야 할 사항이다.

일단, 기획과 설계를 먼저 하라. 반드시 전문 디자이너와 상의해 디자인 컨셉이 있는 완벽한 설계도를 들고 시작하라. 기획도 없이 설계도 제대로 하지 않고, 직접 발주해서 공사를 진행하는 것은 자살행위다. 당하기 전에는 얼마나 큰 위험 상황 속으로 들어가는 것인지 모를 것이다. 어떻게 하다 보면 되겠지 하고 시작하는 분들이 많다. 그런 경우 결과는 대부분 좋지 않았다. 외주 계약을 한 것보다 비용이 더 들거나, 비용은 절감했는데 1억 원짜리 품질의 공사를 8천만 원에 진행한 것이 아니라, 6천만 원짜리 품질의 공사를 8천만 원에 진행한 경우가 많다. 같은 공사비를 인부들에게 지불하고도 경험이 부족하니까 마감이 엉망이 되는 것이다. 전혀 품질 관리가 안 된 것이다. 경험이 없으니까 당연하다. 그러므로 비용 절감을 위해 직접 공사를 발주하고 진행하는 것은 본인이 판단할 문제이지만, 기획도 없고 설계도 없다면 절대 추천하지 않는다.

건축 회사나 인테리어 회사에서도 업체를 관리하고, 기술 지도를 하며, 실행 예산을 관리하고 품질관리까지 하려면 최소 3년에서 5년 이상의 현장 실무 경력이 필요하다. 그것을 경험 없는 건축주가 진행은 해도 품질 관리까지 할 수는 없다. 모르니까 각 분야 공사 기술자들에게 품질을 일임하게 된다. 공사 기술자들은 자신이 할 수 있는 최선을 다할 뿐이고, 전체적인 품질 관리는 제대로 이뤄지지 않는 것이다. 한마디로 건축주가 공사에 대해서 모르니까 품질 관리가 안 되는 것이다. 물론 그 전에 공간에 대한 컨셉을 개발하고, 공간 기획까지 완료하는 것은 필수불가결한 조건이다. 기획도, 설계도 없이 공사를 직접 발주하는 것은 운전면허도 없이 고속도로를 질주하는 것 이상으로 위험한 일이다.

초보이기에 일어날 수 있는 시행착오는 오히려 당연하지만, 그냥 실수 정도로 넘어갈 수 있는 사안이 있는가 하면, 결코 되돌릴 수 없는 심각한 경제적 손실과 피해로 이어질 가능성도 항상 잠재하고 있다. 그 대표적인 예가 각종 건축물 용도 및 기반 시설 인허가 문제와 소방 법규 관련 문제들이다. 대부분의 공사가 상기의 조건들이 충족되는 디자인을 바탕으로 진행되어야 하는 것이 당연한 상식이다. 하지만 이러한 핵심적인 문제들을 경험 부족으로 전혀 인지하지 못한 상태에서 시작하는 경우도 많다. 한 푼의 투자비라도 아끼겠다는 일념하에 피 같은 돈을 투자해 예쁘게 공사를 진행했는데, 오픈 당일이 되어서야 가게의 영업허가를 낼 수 없는 상황이라는 것을 깨닫게 되어 전면적인 철거를 하거나, 다시 돈을 들여 재공사를 해야만 하는 안타까운 이야기들을 너무 많이 봐왔다.

현대와 같이 치열한 경쟁 사회에서 상업 공간 프로젝트는 단지 영업을 하기 위한 시설이 아니다. 사업을 성공시키기 위한 경영 전략 차원에서 공간을 기획하고 설계해야 한다. 그 전에 사업 컨셉부터 확실하게 잡고 시작해야 한다. 그러므로 공사발주나 진행은 직접 진행을 하더라도, 기획과 설계는 전문가의 코칭을 받거나 컨설팅을 받는 것이 나중에 큰 시행착오를 방지할 수 있는 길이다. 작은 공간은 큰 무리가 없겠지만, 일정 규모 이상이 되면 기획과 설계 없이 초보 건축주가 혼자 진행하는 것은 여러모로 무리수가 있다. 진행 중에 사소한 한두 가지라도 놓치면 더 큰 비용 손실을 감수해야 할 일이 생길 수 있다.

직접 공사를 발주하고 진행하는 것은 비용을 줄일 수 있는 방법이기는 하지만, 그 줄이는 비용만큼 본인이 더 많이 고민하고, 발품을 팔면서 열심히 뛰어다녀야 하며, 공사에 대한 모든 책임도 본인이 져야 한다는 것을 명심해야 한다. 공사의 종류나 규모에 따라 다르긴 하지만, 공사를 진행하는 과정은 크고 작은 사건과 사고의 연속이라는 점을 미리 각오해야 한다. 그래서 공사를 수차례 직접 진행한 경험이 있는 분들은 일임하는 것이 결국은 비용이 더 적게 들고, 관리가 용이하다는 것을 잘 알고 있을 것이다.

비용 절감은 꼭 필요하고 중요한 일이다. 하지만 비용 절감은 상식적이고, 합리적으로 진행하라. 직접 공사를 진행하겠다고 생각한 가장 큰 이유가 비용 절감이었을 것이다. 비용 절감을 하려면 스스로 공사일정표와 예산 집행서를 작성하고 나서 공사를 진행해야 한다. 공사의 진행방법이란 결국 예산지출과 공사일정의 관리와 품질관리, 분쟁 방지가 요체다. 초보 건축주가 품질까지 관리하기는 어려울 것이다. 하지만 공사 진행과정은 꿰고 있어야 한다. 무슨 공사를 먼저 하고, 이어서 무슨 공사를 해야 하는지를 아는 것이 중요하다 그 순서가 바뀌면 공사가 엉망이 된다. 공사가 엉망이 된다는 것은 큰 비용 손실이 발생한다는 의미다.

그러므로 각각의 공정 담당 시공팀장들과 협의해 전체 공정에 관여하는 시공자들의 투입순서와 인원수, 작업 소요시간 등을 공종과 날짜가 명기된 공사일정표로 정확하게 정리해 그것을 기준으로 공사가 진행이 될 수 있도록 해야 한다. 이게 건축주 직발주 공사 진행의 핵심이다. 또 필요한 것이 공종별 자금집행 계획서다. 각각의 시공자와 공사 진행 전에 공사비용 및 지급방법을 정해 계약서를 작성하고, 공사를 시작해야 추후에 분쟁을 예방할 수 있다. 특히 추가공사항목과 별도 공사항목을 명확하게 구분하고, 각 공장별로 수량 산출과 물량 산출을 정확하게 하며, 사용하는 자재의 제조사와 제품명을 기재해야 한다. 꼼꼼하고 정확하게 해야 한다.

가장 큰 변수는 건축주의 변심이다. 건축주는 별 생각 없이 수정을 요구하고 변경하지만, 그게 나중에 다 추가공사비로 청구된다는 것을 알아야 한다. 무조건 청구된다고 알고 있어야 한다. 결국 본인의 생각이 자꾸 바뀌고, 공사 내용을 자주 변경시키다 보면 돈은 돈대로 들고, 결과물은 마감이 아주 지저분해진다. 공사는 한 번에 딱 끝내야 마감이 깔끔하다. 깔끔한 마감과 공사비용 절감을 위해서는 디자인 단계에서 열심히 고민하고, 일단 공사가 시작되면 절대 변경하지 않는 것이 아주 중요하다. 하지만 직접 공사를 진행하다 보면 그것을 지키는 게 힘들 것이다.

건축주는 직접 공사를 하든, 외주 공사를 하든 무조건 욕심을 버려야 한다. 욕심을 버리라는 것은 건축주 본인의 변덕과 변심을 통제해야 한다는 것이다. 그래야 비용을 절감할 수 있다. 가급적 추가공사를 만들지 말라. 별도 공사는 건축주가 스스로 발품을 많이 팔아야 한다. 직접 알아보면 비용을 줄일 수 있다. 절대 처음 책정을 예산을 벗어나지 않겠다고 다짐해야 한다. 건축주가 직접 진행하는 공사의 최대 함정이 건축주 본인의 변심으로 인한 공사비용 증가임을 다시 한 번 명심하라. 시공자를 선정할 때에는 하자보증과 메인테넌스를 고려해 선정해야 한다.

2개의 건물을 하나로 사용한다. 법적으로 2개의 건물로 나누어 지어야 하는 상황이었기에 2개의 공간이면서도 하나로 인식되게 만드는 것이 요구사항이었다. 마당에 열주를 조성하는 것으로 해결했다. 각각의 기둥 위에 깃발을 설치할 수 있는 구조물을 만들어서 통일감을 주었다. 공간 기획이 사용자들의 인식을 바꾸는 역할을 하게 된다(컨셉 개발/공간 기획/공간 설계 : 카나트 컨설팅).

09

정확하게 성공적으로
프로젝트를 완성하는 법

왜 건축주가 시공자에게 힘없이 당하기만 할까? 지식과 노하우에 대한 역량이 차이가 나기 때문이다. 공사에 대한 시공자의 역량이 100이라면 초보 건축주의 역량은 20이나 30밖에 안 된다. 이러니 싸움이 안 되는 것이다. 워낙 내공 차이가 크니까 시공자가 건축주를 만만하게 보는 상황이 전개되는 것이다. 이런 경우에는 역량의 균형을 맞추거나 더 높여야 상황을 지배할 수 있다. 컨셉 공간 컨설턴트를 대리인으로 선임하고, 건축주의 업무를 위임해야 한다. 이럴 경우 컨셉 공간 컨설턴트의 역량이 100이라면 건축주의 역량 20과 설계자의 역량 100이 합쳐져 220이라는 역량이 만들어지게 되는 것이다. 그러면 시공자의 역량이 100이라고 해도 건축주 팀이 220이므로 상황을 통제하는 것이 가능해지는 것이다.

사실 가장 중요한 것이 함께할 대리인 역할을 하는 컨셉 공간 컨설턴트와 설계자, 시공자를 선정하는 일일 것이다. 실제로 조사를 해보니 공사 중단 등의 분쟁 피해를 입은 건축주들이 시공자를 선정하는 경로가 유사했다. 대부분 인터넷 검색으로 접촉하게 되거나, 건축박람회에 참가한 시공회사와 계약을 한 것으로 파악되었다. 건축박람회는 공신력 있는 브랜드들만 참가할 거라고 착각한 것이다. 최다 실적 보유, 업계 최초, 브랜드 1위 같은 홍보물들을 곧이곧대로 신뢰하고, 의심 없이 계약을 하게 된 것이다. 그러나 현실은 건축 박람회는 누구나 돈만 내면 참석 가능한 곳이라는 사실을 간과한 것이다.

일반적으로 건축주는 무조건 적은 비용으로 공사를 하고 싶어 하고, 시공자는 이윤을 많이 남기려고 한다. 그래서 건축주에게는 판단 기준이 필요하다. 그래서 건축주와 한 팀이면서 대리인 역할을 수행할 수 있는 컨셉 공간 컨설턴트를 대리인으로 선임하는 것이 더 이익이다. 컨셉 개발, 공간 기획, 컨설팅의 단계를 거치면서 불필요한 중간 비용을 제거하고, 전체적인 예산을 수립하며, 그 예산을 기반으로 건축주가 직접 비용을 통제하는 것을 지원해주기 때문이다. 아프리카 속담에도 '빨리 가려면 혼자 가고, 멀리 가려면 함께 가라'고 했다. 가본 적 없는 길을 혼자 가는 것만큼 위험한 일은 없다. 그 길을 잘 아는 가이드와 함께 가야 한다. 건축, 리모델링, 인테리어 같은 공간 프로젝트를 안전하게 좋은 결과물로 만들어내기 위해서는 컨셉 공간 컨설턴트를 파트너로 임명해야 한다. 저렴하게 빨리 가는 것보다 더 중요한 것은 안전하고, 정확하게 가는 것이다.

컨설팅을 필요로 하는 건축주가 자신의 프로젝트에 적합한 컨셉 공간 컨설팅 회사를 선정하는 것은 쉽지 않은 일이다. 프로젝트의 성격에 맞는 컨셉 공간 컨설팅 회사를 섭외해서 계약하는 것이 프로젝트 성공의 중요한 기반이 된다. 그렇다면 컨셉 공간 컨설팅 회사를 어떠한 기준으로 선정해야 할까? 일단 건축박람회나 온·오프라인 광고 홍보에만 현혹되어 컨설팅 회사를 선택하면 안 된다. 내가 진행하고자 하는 프로젝트를 도와줄 능력이 되는지 검증해야 한다.

첫째, 카페, 외식 등 상업 공간의 컨셉을 개발한 경험이 많은지 확인해야 한다. 대부분 컨설턴트의 명함을 가지고 다니는 사람들 중에는 부동산 관련 컨설턴트가 많다. 부동산에 대해서는 많이 알지 모르지만 창업을 성공시키는 컨셉을 모르면, 컨셉 공간을 컨설팅하기에는 부적합하다. 상업 공간의 MD 기획과 카페, 외식 창업 컨설팅을 수행할 수 있어야 하고, 건축, 인테리어의 설계, 시공에 대한 충분한 경험과 노하우를 가지고 있어야 한다. 활동하는 컨셉 공간 컨설팅 영역을 전문화하고 있는지 확인해야 한다.

카페, 외식 등 각 공간별 컨셉은 그 분야에서 직접, 간접 경험이 풍부해야 한다. 저렴한 컨설팅 비용을 미끼로 내세우면 일단

327

경계해야 한다. 자신의 분야에 자부심과 실적을 충분히 갖춘 컨설팅 회사가 가격을 덤핑 치면서 수주하려 하지 않을 것이기 때문이다. 실적과 경험이 탄탄한 컨설팅사와 비교해서 터무니없이 저렴한 컨설팅 비용을 제시하는 업체는 대부분의 경우, 프로젝트 진행 도중에 추가비용을 청구하거나, 건축주를 속이고 시공팀이나 설계팀에게 소개료 등의 중간 이익을 취하는 경우가 많다. 이럴 경우 프로젝트의 품질이 떨어지고, 효과적인 비용 절감에도 실패하게 되며, 분쟁 발생의 가능성도 높아진다.

컨셉 공간 컨설팅을 진행하게 되면, 컨설턴트와 건축주의 관계 정립이 중요하다. 멘토와 멘티의 관계가 되어야 한다. 갑과 을의 관계가 아니다. 갑과 을이 되면 안 되는 이유는 그런 관계가 될 경우, 컨설턴트는 해야 할 말이나 자문을 하기 어려워질 것이고 결국은 건축주가 혼자 프로젝트를 진행하는 것과 동일한 결과가 나올 것이기 때문이다. 컨셉 공간 컨설턴트는 건축주를 대리해 프로젝트가 제대로 된 프로세스에 따라 진행되는 것을 코칭하고 자문하는 것이다. 건축주의 지시를 받는 관계가 아니라 건축주의 의사결정에 기술적 자문과 프로젝트 매니지먼트 자문을 하는 관계여야 한다. 이런 컨셉 공간 컨설팅 프로세스를 이해하고, 원칙을 세우며, 원칙을 자문할 수 있는 파트너가 될 수 있는 컨셉 공간 컨설턴트를 선정해야 한다. 그게 안 되면 원활한 진행이 어려워지고, 좋은 결과물을 기대하기도 어렵게 된다. 내가 진행할 프로젝트를 가장 잘 이끌어 줄 컨셉 공간 컨설턴트를 만나서 계약할 수 있다면 프로젝트는 50%는 끝난 것이나 다름없다. 공사비용은 절감하면서 분쟁 없이 안전하게 프로젝트를 완료하고 싶다면 건축주 본인이 스스로 전문가가 되거나 공간 기획 전문가인 컨셉 공간 컨설턴트를 선임하고 프로젝트를 함께 진행하는 것이 가장 안전하고 확실한 방법이다.

전통한옥을 모던하게 표현하는 것이 브랜드 컨셉이었다. 중저가의 캐주얼 한정식을 판매하는 점포의 정체성을 표현하기 위해 한옥의 분위기가 나면서도 부담이 느껴지지 않도록 공간을 설계했다. 대학가에 위치했기에 젊은 고객들도 쉽게 진입 가능하도록 트래디셔널 빈티지한 수제 감성 취향을 디자인했다(컨셉 개발/공간 기획/공간 설게 : 카나트 컨설팅).

본 책의 내용에 대해 의견이나 질문이 있으면
전화(02)333-3577, 이메일 dodreamedia@naver.com을 이용해주십시오.
의견을 적극 수렴하겠습니다.

컨셉으로 유혹하고 공간으로 브랜딩하라!

제1판 1쇄 | 2020년 9월 21일

지은이 | 배재찬, 문경혜, 배준오
펴낸이 | 손희식
펴낸곳 | 한국경제신문*i*
기획제작 | (주)두드림미디어
책임편집 | 배성분

주소 | 서울특별시 중구 청파로 463
기획출판팀 | 02-333-3577
영업마케팅팀 | 02-3604-595, 583 FAX | 02-3604-599
E-mail | dodreamedia@naver.com
등록 | 제 2-315(1967. 5. 15)

ISBN 978-89-475-4627-0 (03320)